Même les bourreaux ont une âme

CLD
éditions

Maïti Girtanner
avec la collaboration de Guillaume Tabard

Même les bourreaux ont une âme

CLD
éditions

Préface

Le 13 novembre 1996, *La Marche du siècle* offrait aux téléspectateurs de France 3 une soirée intitulée *La mort, la haine, le pardon*. Parmi les invitées de Jean-Marie Cavada : Maïti Girtanner. L'émotion suscitée par son témoignage marqua ce soir-là des millions de personnes. Depuis, Maïti n'a pas quitté les médias. Les articles de presse (de *Panorama* à *Famille chrétienne*, en passant par le *Nouvel observateur*), les émissions de radio et de télévision (de *France* 2 (prix Farel, 1998) à *KTO* plus récemment), se sont succédé. Jamais, pourtant, un livre n'avait encore raconté ce parcours hors du commun : celui d'une jeune femme entrée par hasard en résistance et dont la vie s'achève en leçon d'humanité.

Lorsqu'elles sont connues, les histoires de pardon ont toujours un fort retentissement. On pense à Kim Phuc, cette petite vietnamienne courant nue, le visage épouvanté au milieu d'un groupe d'enfants fuyant leur village « napalmé » par l'aviation américaine. La photo reçut le prix *Pulitzer* et contribua à accélérer le retrait américain du Vietnam.

Si cette photo a fait le tour du monde, la suite est moins connue. Kim grandit avec les stigmates des brûlures nées du souffle de l'explosion. Vingt-quatre ans plus tard, devenue ambassadrice de l'Unesco, elle témoigna un jour devant un parterre de vétérans du Vietnam. À la fin de son intervention un homme se présenta : c'était l'officier qui avait commandé le bombardement. En larmes, ils tombèrent dans les bras l'un de l'autre.

Géographiquement plus proche de nous, on pense encore à Annie Maguire. La fameuse « tante Annie » immortalisée par le film de Jim Sheridan *Au nom du père* (1994), avec Daniel Day-Lewis. C'était l'époque où l'Ira frappait les civils sur le sol anglais. Accusée d'un crime qu'elle n'avait pas commis, Annie passa quatorze années de sa vie en prison ; son mari aussi et deux de ses fils.

L'histoire est d'autant plus infernale qu'au moment du procès des Maguire la police avait arrêté le commando de l'Ira responsable des attentats. Bref, la police savait qu'ils étaient innocents. Depuis que les faits ont été rejugés, Annie Maguire témoigne de son calvaire, mais aussi de la force du pardon, notamment à Lourdes, devant des jeunes pèlerins anglais abasourdis.

Le pardon a ceci d'admirable qu'il peut changer le cours de l'Histoire. Une idée bien dans l'air du temps et qui n'a pas échappé à Guillemette de Sairigné qui publie, depuis le 12 octobre 2006,

Milles pardons, Des histoires vécues, Une exigence universelle (Robert Laffont). Le livre de Guillemette de Sairigné évoque évidemment l'histoire de Maïti Girtanner.

Même les bourreaux ont une âme est un livre qui raconte une expérience universelle. Mais c'est aussi un livre de témoignage. C'est-à-dire un livre conjugué à la première personne.

Il ne répond donc pas à tous les canons de la démarche historique. Ce n'est ni son objet ni son genre. Un livre de témoignage n'est pas une enquête. Un témoignage repose souvent sur une seule source, celle de l'auteur.

C'est la loi du genre.

Mais si un livre-témoignage n'est pas un livre d'histoire au sens strict, il devient forcément un objet d'histoire. C'est pourquoi, il est fondamental de sauver la mémoire d'une époque en interrogeant les témoins. Surtout quand ces derniers, l'âge aidant, tendent à disparaître. Le témoignage participe donc à l'histoire en train de s'écrire, les historiens mesurent ses limites, tout comme ils savent son importance.

Autant que possible, et selon la loi du genre, nous avons cherché à recouper les informations disponibles. Les informations d'une histoire par nature clandestine, c'est-à-dire dont la vocation première est de ne pas laisser… de traces !

Comme des centaines d'autres, Maïti Girtanner est entrée en résistance un peu par hasard. Ce sont souvent les circonstances qui fabriquent le résistant : la guerre nazie, la défaite de la France, une maison posée pile sur la ligne de démarcation, une frontière (la Vienne)... À cela s'ajoutent d'autres facteurs : une nationalité (suisse germanique), la pratique d'une langue qui est celle de l'occupant, l'importance de la musique...

Au cours de cette quête, forcément limitée, nous avons aussi rencontré des obstacles. Voire des contradicteurs. Déjà, en 1996, suite à *La Marche du siècle*, qui rendait pour la première fois véritablement publique l'histoire de Maïti Girtanner, une grande association de déportées résistantes, aujourd'hui disparue, s'interrogeait légitimement sur la matérialité de tel ou tel fait.

Cette révélation tardive, cinquante ans après les faits, a pu intriguer des observateurs, y compris des proches de l'auteur, voire des membres de sa propre famille étonnés de cette découverte médiatique. On objectera, cependant, qu'il est des sujets dont on ne se libère peut-être pas facilement ; les sujets de guerre ou de violences subies, notamment.

Au cours de cette quête, nous avons aussi retrouvé des témoins. Et pour commencer l'un des premiers prisonniers évadés qui, grâce à l'aide de Maïti Girtanner, a pu franchir la ligne de démarcation.

Mais au fond, l'histoire résistante de Maïti Girtanner est banale. Ce qui la rend extraordinaire c'est la rencontre ultime avec le bourreau. C'est ce pardon demandé et accordé. Un pardon qui ne nie pas la dimension criminelle du totalitarisme nazi – en ce sens, le fameux Léo était d'abord passible de la justice des hommes – mais un pardon qui, dans l'histoire chaotique de l'humanité, ouvre un nouvel espace de liberté.

En ce sens, oui, l'histoire de Maïti Girtanner est étymologiquement extraordinaire. Elle s'enracine dans une aventure plus grande encore, celle de l'Évangile. Exactement comme les histoires extraordinaires de Kim Thuc ou d'Annie Maguire

Chapitre I

« À ce moment-là, j'ai su que je lui avais pardonné »

« Je suis à Paris, je voudrais vous voir. »

L'homme parlait en allemand. Je reconnus sa voix aussitôt. Nous étions en 1984 et je l'avais pourtant entendue pour la dernière fois quarante ans plus tôt, en février 1944. Mais il n'y avait aucun doute, c'était lui : Léo, un médecin allemand de la Gestapo qui m'avait retenue enfermée durant plusieurs mois, pendant la Seconde Guerre mondiale.

Ses traitements sévères m'avaient presque laissée pour morte, enfermant mon corps dans une résille de douleur dont, aujourd'hui encore, je reste prisonnière.

Léo à Paris. Mon bourreau à ma porte. Que me voulait-il ? Le choc de sa voix réveilla en une fraction de seconde un passé dont je pensais avoir tourné la page. J'eus l'impression que la maison s'écroulait sur ma tête. Je me revis jeune fille de dix-huit ans poussée par les circonstances à entrer en Résistance.

Ma famille maternelle possédait une belle maison du XVIIe siècle dans le village de Bonnes, sur les bords de la Vienne, à l'endroit même où fut fixée la ligne de démarcation. Sans nous demander notre avis, les Allemands l'occupèrent en juin 1940. Parlant couramment allemand, puisque j'étais de nationalité suisse par mon père, j'ai été amenée d'emblée à jouer les intermédiaires pour rendre des services à la population déboussolée.

Très vite, j'ai aidé des soldats évadés à franchir la frontière interdite qu'était devenue la Vienne. Je ne supportais pas de voir la France coupée en deux, les Français divisés.

C'est ainsi que je suis progressivement entrée en résistance à l'occupant. Franchissements de la ligne de démarcation, acheminement de courrier, vol de cartes, repérage de mouvements de sous-marins, protection de professeurs de musique juifs...

Au fil des pages, je ferai le récit de ces actions dont j'ai pensé qu'il avait été de mon devoir de les accomplir, mais que je ne prétends pas présenter en modèle d'héroïsme. Bien d'autres que moi ont fait preuve durant la guerre d'un courage, d'une générosité, d'un engagement ô combien plus forts.

À l'automne 1943, je fus arrêtée à Paris puis transférée dans une villa du sud ouest de la France réquisitionnée par la Gestapo. C'est là que je tombai entre les mains d'un jeune médecin de vingt-six ans prénommé Léo, chargé d'expérimenter des nouveaux traitements destinés à faire avouer les prisonniers. Une série de bastonnades, atteignant la moelle épinière de la colonne vertébrale, détruisit mes centres nerveux. Libérée en février 1944 par l'intervention de résistants informés par la Croix-Rouge suisse, je suis ressortie de cet enfer aux limites de la mort. Les souffrances qui m'ont accompagnée depuis m'ont en tout cas privée de bien de mes capacités physiques, et en particulier de celle qui me tenait le plus à cœur : le piano dont je me préparais, avant la guerre, à faire mon activité majeure, forte des capacités que j'avais.

C'est la foi au Christ ressuscité qui m'a aidée à tenir durant les moments d'épreuve et de nuit et à reconstruire une vie dont je n'étais plus pleinement maître. Cette foi au Christ qui m'enjoignait d'aimer mes ennemis et de croire au pardon en contemplant la Croix.

Depuis la fin de la guerre, j'étais habitée par ce besoin de pardonner à celui qui avait détruit une grande part de moi-même. À celui qui m'avait conduit au seuil de la mort, je voulais montrer le chemin de la Vie. Mais on ne pardonne pas dans le vide. Au fond de mon cœur, je pensais sincèrement avoir pardonné à ce Léo. Mais aurais-je été capable de lui dire, en vérité : « Je vous pardonne » ?

Je n'aurais pas su le dire.

C'est à l'épreuve du pardon, au sens où l'on parle de mise à l'épreuve, que ce coup de téléphone inattendu me renvoyait en ce matin de 1984. Car au fond, ces quatre décennies avaient été davantage un temps d'oubli des offenses qu'un temps de préparation au pardon.

Au téléphone, il se présenta d'une voix neutre : « J'étais médecin pendant la guerre... Je ne sais pas si vous vous souvenez... » Si je me souvenais !

À mon tour de bredouiller : « Mais pourquoi voulez-vous me revoir ? Pourquoi maintenant ? Qu'avons-nous à nous dire ? Comment m'avez-vous retrouvée ? »

« Justement, nous en parlerons », répondit-il.

Sa voix était neutre, presque douce, à l'opposé des intonations brutales et métalliques qui me résonnaient encore dans les oreilles.

J'acceptai de le revoir. Il m'annonça sa visite pour l'après-midi.

Comment décrire la tempête sous mon crâne ? Depuis quarante ans, je n'avais jamais cessé de prier pour cet homme. J'avais la hantise qu'il meure le cœur habité par la haine, et souhaitais qu'il rencontre Celui qui l'avait créé par amour et pour aimer. Je ne pouvais pas me résoudre à voir le mal triompher définitivement d'une personne et il me semblait qu'une victime était mieux placée que quiconque pour intercéder en faveur de son bourreau.

Finalement, cette rencontre, j'aurais dû la souhaiter. Mais je ne l'avais jamais imaginée possible. Donc, je ne m'y étais pas préparée.

La surprise me déstabilisait et m'effrayait. Dans les heures qui précédèrent son arrivée, j'eus plusieurs fois le désir d'annuler le rendez-vous. Mais il était trop tard et je n'avais plus le moyen de le joindre.

« Que ce calice s'éloigne de moi. » Au fond, c'était ma tentation. « Cependant, non pas ce que je veux, mais ce que tu veux », ajoute le Christ à son Père. En regardant mon existence – j'avais alors soixante-deux ans –, je compris qu'une vie ne se mesurait pas aux projets que l'on se fixe ou aux idées que l'on se fait de soi-même, mais à la manière avec laquelle on fait face aux circonstances qui nous sont imposées. Participer à la résistance, affronter la souffrance, réorienter ma vie pour tenir compte de mon nouvel état physique... : je n'avais rien choisi ni prévu de tout cela. Chaque fois, j'ai simplement cherché à être à la hauteur.

La rencontre avec Léo, j'avais donc à la vivre ; pas à la préparer. Après tout, j'avais affronté un contact hostile et blessant de sa part ; pourquoi appréhender un nouveau contact qui se présentait à l'évidence de manière bienveillante ! Ma crainte n'était-elle pas l'aveu que la réconciliation est une démarche plus difficile et coûteuse que la logique de l'affrontement ?

Il se présenta chez moi en fin d'après-midi. « Ne cherchez pas avec inquiétude comment parler ou que dire : ce que vous aurez à dire vous sera donné sur le moment. » Je me répétais ces paroles adressées par le Christ à ses douze apôtres au début de leur mission lorsqu'il sonna à la porte du petit appartement de Saint-Germain-en-Laye où j'avais emménagé trois ans plus tôt, à la mort de ma mère, et que j'occupe toujours aujourd'hui. J'avais d'autant plus besoin de me mettre dans cet esprit de confiance que j'étais dans un de ces jours où mon corps m'abandonnait. Je devais rester allongée le plus possible sur mon lit.

J'avais reconnu sa voix. Lorsque j'ouvris ma porte, le choc fut plus grand encore. Il avait dépassé la soixantaine. Ses cheveux avaient viré du blond au gris. Les traits de son visage avaient perdu leur caractère anguleux. Mais il avait conservé la même silhouette, la même allure.

Passées quelques secondes de gêne réciproque, il souleva fort civilement son chapeau et me tendit la main. Je l'invitai alors à s'asseoir en m'excusant de devoir reprendre ma position allongée. Son sourire gêné m'avoua qu'il mesurait sa responsabilité dans mon état...

Il ne s'embarrassa pas de préambule.

« J'ai un cancer. Je viens de l'apprendre. Je suis condamné. Mon médecin m'a dit qu'il ne me restait que six mois à vivre. » Il parlait d'une voix blanche, les yeux dans le vide, n'osant pas croiser mon regard.

Un long silence se fit. Se tournant alors vers moi, il ajouta :

« Je n'ai jamais oublié ce que vous disiez à mes autres prisonniers sur la mort. J'ai toujours été étonné par le climat d'espérance que vous aviez instauré alors que vos perspectives n'étaient guère encourageantes. Aujourd'hui, j'ai peur de la mort. Alors j'ai voulu vous entendre. » Il évoquait ces mois de captivité sous sa férule où je m'efforçais d'éveiller mes codétenus à la foi en Dieu, à la confiance face à la souffrance et la mort, à l'espérance en la vie éternelle où le mal serait à jamais vaincu.

Au moins, sa demande était claire. Mais comment lui parler de sa vie à venir sans l'inviter d'abord à regarder sa vie passée ? Comment lui apporter la lumière sans que celle-ci vienne éclairer ses actes antérieurs ? La démarche chrétienne de la réconciliation commence par l'aveu. Non pour se complaire dans le souvenir de ses fautes, mais au contraire pour les mettre à distance en les regardant avec lucidité.

Son attitude exprimait une authentique humilité. Ses épaules étaient rentrées. L'intonation de sa voix baissait. Il avait un air penaud qui tranchait avec son arrogante assurance d'il y a quarante ans. Mais il fallait commencer par cet exercice de vérité. À mon tour, je pris la parole.

- « Vous vous rendez compte de ce que vous avez fait ? Comment en êtes-vous arrivé là ? »

- « Que voulez-vous dire ? »

- « Eh bien, comment êtes-vous devenu un criminel de guerre ? »

Un éclair d'agacement traversa ses yeux, me rappelant l'homme d'autrefois.

- « Vous appelez ça comme ça ? »

- « Oui, j'appelle ça comme ça. Je ne vois pas comment qualifier autrement ce que vous avez fait pendant la guerre. »

Il se lança alors dans une justification embarrassée de ses choix de jeunesse. Ses brillantes études de médecine ; l'entreprise de séduction des Jeunesses hitlériennes cherchant à attirer les meilleurs éléments en les flattant ; son désir initial d'être un serviteur loyal de son pays ; le sinistre engrenage face auquel il se sentait impuissant ; le lavage de cerveau auquel ils étaient soumis au sein des *Hitlerjugend*... Certes. Mais son affliction fataliste d'aujourd'hui faisait peu de cas du zèle qu'il témoignait alors !

Insensiblement, la conversation glissa du terrain historique au terrain spirituel. J'avais le sentiment que le regret qu'il commençait d'exprimer de ses actes anciens était sincère. Je voulais maintenant qu'il fasse un pas de plus :

« Et maintenant ? », l'interrogeai-je.

Il soupira en haussant les épaules : « Vous parliez du paradis promis par Dieu. Je suis d'origine chrétienne, vous savez. Mais croyez-vous qu'il y a une place pour des gens comme moi au paradis ? »

- « Il y a de la place pour tous ceux qui, quel que soit le poids de leur péché, acceptent d'accueillir la miséricorde de Dieu. C'est pour cela que le Christ a donné sa vie pour nous. Et s'il a été jusqu'à la Croix, c'est bien parce que le prix à payer était élevé. Mais puisque Lui a été jusque-là, nous pouvons avoir confiance. Dans son dernier souffle, c'est à vous personnellement, c'est à moi personnellement qu'il pensait. Jamais il ne s'est départi de l'amour fou qu'il a pour vous. Même lorsque vous vous êtes le plus éloigné de Lui. »

Je parlais lentement, désireuse que chaque parole descende en lui, s'inscrive dans son cœur. Je voyais sa tête se relever progressivement, tout son corps se redresser, comme s'il retrouvait de l'oxygène, comme si une nouvelle perspective s'ouvrait devant lui. Nous avons parlé ainsi plus d'une heure. Il m'expliqua qu'il se représentait la mort comme une porte de garage refermée derrière laquelle il se retrouvait prisonnier. D'où sa peur de la mort.

Je continuais de parler et je le voyais évoluer. Pourtant, il ne disait pas grand-chose. Mais sa visite n'était au départ motivée que par une peur, une angoisse panique devant sa fin qui approchait. Imperceptiblement, je constatais qu'il se montrait plus réceptif à mon invitation à entamer une démarche de réconciliation et de rédemption.

Soudain, il se leva, s'approcha de mon divan et se pencha vers moi. Ses yeux étaient embués, ses lèvres tremblaient. Dans un murmure, il lâcha :

« Pardon. Je vous demande pardon. »

Il existe deux mots en allemand pour désigner le pardon : *Verzeihung* et *Vergebung*. Le second est beaucoup plus fort que le premier et renvoie à des fautes lourdes. C'est ce terme-là qu'il a employé.

Instinctivement, je saisis son visage de mes deux mains et l'embrassai sur le front. À ce moment-là, j'ai su que je lui avais vraiment pardonné. Ce baiser fut un authentique baiser de paix. Le plus vrai et le plus sincère que j'aie jamais donné ou reçu. Oui, c'est bien un sentiment de paix, d'une paix lumineuse, qui envahit mon cœur. Face à moi, Léo aussi exprimait une véritable conversion intérieure.

Il se rassit. Et m'interrogea à nouveau :

« Que puis-je faire maintenant ? Comment puis-je réparer le mal commis ? »

« Par l'amour, lui dis-je. La seule réponse au mal, c'est l'amour. »

J'ajoutai : « Vous ne pourrez jamais rattraper ou corriger le mal que vous avez fait aux autres pendant la guerre. Et bien utilisez les mois qui vous restent à faire du bien autour de vous, à aimer ceux qui vous entourent. »

Je vis son front se plisser. « Mais comment faire ? Personne en Allemagne ne connaît mon passé. Je me suis marié, j'ai fondé une famille. Je suis un médecin connu et respecté de ma ville. »

- « Si vous vous en remettez à Dieu, il vous donnera la force et le moyen d'affronter cette situation. Vous me dites qu'il ne vous reste que six mois à vivre. Croyez-vous avoir plus important à faire que vous préparer à ce rendez-vous décisif ? »

Il me quitta au bout de deux heures. Seule chez moi, je suis restée toute la soirée et une grande partie de la nuit sous le choc. Incapable de bouger, de parler, de faire autre chose que regarder le fauteuil désormais vide où mon bourreau d'il y a quarante ans venait de découvrir la grâce du pardon.

Sa femme l'avait accompagné, mais était restée volontairement en retrait, installée dans une pièce voisine. Six mois plus tard, c'est elle qui m'appela. Pour m'annoncer la mort de Léo. Et me dire que dans ses derniers instants, alors qu'elle lui avait proposé l'assistance d'un pasteur ou d'un prêtre, il avait répondu : « C'est Maïti que je veux à côté de moi. »

Léo avait tenu parole. De retour dans son village de Rhénanie, il avait réuni d'abord toute sa famille, puis, pour une seconde soirée, ses amis et ses relations. Il leur avait confessé son passé et annoncé son désir de faire tout ce qui était en son pouvoir pour leur être utile et agréable. Ses derniers mois furent effectivement des mois offerts aux autres. Je n'avais cessé de prier pour lui. Je ne doute pas qu'il partage désormais la joie des fils de Dieu. En Léo, le mystère de la Rédemption s'est accompli.

De longues années, j'ai gardé cette histoire pour moi. Par pudeur, ne souhaitant pas me mettre en avant. Par respect aussi de l'intimité de son histoire personnelle. Près de dix ans après cette rencontre incroyable, les rares proches à qui j'en avais parlé m'ont convaincue de la nécessité de porter témoignage de ces faits. Et, pour cela, de revenir sur les circonstances qui ont pu y conduire. Plusieurs émissions de télévision, comme *La Marche du siècle*, en 1996, et des entretiens accordés à des journaux m'ont, depuis dix ans, donné l'occasion de raconter les épisodes majeurs de cette affaire. Au soir de ma vie, voici retracées les principales étapes de mon existence qui permettent de comprendre, je l'espère, pourquoi et comment le Seigneur s'est servi de l'un de ses serviteurs inutiles pour révéler la puissance de sa miséricorde.

Chapitre II

« La musique sera ma vie »

Servir la France, alors que je ne suis pas française. C'est le paradoxe de ma vie. Le défi qu'il m'a été donné de relever à dix-huit ans lorsque la guerre arriva. Née en Suisse, le 15 mars 1922, j'ai toujours gardé la nationalité suisse reçue de mon père. Et c'est précisément cette nationalité qui m'a permis de jouer ce rôle qui n'avait rien d'écrit d'avance.

Mon père, Paul Girtanner, était issu d'une des plus vieilles familles suisses. Sa généalogie a pu en être retracée depuis le milieu du XIIIe siècle. En Suisse, on ne cite jamais une famille sans mentionner son canton d'origine. La famille Girtanner est du canton de Saint-Gall, un canton germanophone à l'est du pays, proche du lac de Saint-Gall et de la frontière autrichienne. Elle est même une des familles fondatrices de ce canton, qu'elle a presque toujours représenté au sein du gouvernement fédéral. Siéger au gouvernement fut pour ma famille paternelle une manière de servir son pays.

Sans doute en ai-je hérité quelque chose... D'après les recherches, la famille serait originaire du hameau de Girtanne, à Wald, dans le canton voisin de Saint-Gall. Chez les Girtanner, on était teinturier de père en fils, du XVe siècle jusqu'au début du XXe siècle. Plusieurs de ses membres se sont également succédés dans le fauteuil de bourgmestre de la ville de Saint-Gall, au XVIIIe siècle.

Issu de la branche aînée de la famille Girtanner, mon père est né en 1890. Doué pour les langues, il a achevé ses études supérieures en Angleterre. C'était une habitude dans les grandes familles suisses que les fils partent étudier à l'étranger. Il parlait l'allemand, bien sûr, le français et l'anglais à la perfection, mais aussi l'espagnol et l'italien. C'est cette grande ouverture sur l'extérieur qui a conduit la société des chaussures Bally à l'embaucher comme directeur des services internationaux.

Paul, mon père, était l'aîné de sept enfants. Plus exactement, sa mère mourut à sa naissance et mon grand-père s'est remarié très vite et a eu six autres enfants, que nous avons toujours considérés comme des oncles et des tantes à part entière.

La famille Girtanner était protestante, très attachée à sa tradition. Pourtant, alors qu'il avait une vingtaine d'années, mon père choisit de se convertir au catholicisme. Cet événement, décisif dans sa vie, eut certainement des conséquences sur la manière dont il transmit la foi à ses enfants ; donc sur la manière dont la foi catholique a structuré ma vie, jusqu'à aujourd'hui. Il n'a jamais détaillé les raisons de sa conversion au catholicisme, mais, de ce que j'en ai su, le besoin spirituel qu'il ressentait au plus profond de lui n'était pas satisfait par le protestantisme. Il portait en lui le désir d'une relation personnelle avec le Christ, plus vivante que livresque, qui a trouvé son achèvement dans les sacrements, et singulièrement celui de l'eucharistie.

Au début du XXe siècle, l'œcuménisme n'était pas encore à la mode. Protestants et catholiques pointaient leurs désaccords plus qu'ils ne cherchaient à vivre en disciples communs du même Seigneur. La conversion de mon père aurait pu être ressentie comme une trahison de la part d'une vieille famille protestante. Il n'en a rien été.

Au contraire. Si c'était dans cette voie qu'il était heureux, il fallait non seulement la respecter, mais l'aider à la suivre au mieux. C'est l'attitude que ses parents et frères et sœurs ont eue avec lui. C'est celle que nos oncles et tantes ont eue avec nous, les enfants de Paul, lorsque nous venions en vacances chez eux pour retrouver nos cousins. Ils veillaient ainsi à nous emmener à la messe tous les dimanches et nous aider à faire chaque jour nos prières telles qu'elles étaient formulées dans l'Eglise catholique.

C'est à l'occasion d'un voyage qu'elle fit en Suisse avec ses parents que ma mère, Claire Rougnon, fit la connaissance de mon père. Leur mariage fut célébré à Paris, à la mairie du IXe arrondissement, puis en l'église Notre-Dame de Lorette, au pied de la rue des martyrs où résidait ma famille maternelle.

Mes parents s'installèrent d'abord en Suisse, à Aarau. Cette petite ville n'est pas dans le canton germanophone de Saint-Gall, mais plus à l'ouest en Suisse, là où se trouvait l'usine Bally. C'est là que naquit en 1921 mon frère baptisé Francis. Maman tenait à ce que le nom de la France soit gravé dans le prénom de son premier enfant.

Je suis née onze mois après lui, le 15 mars 1922. Maïti est un prénom suisse, auquel mes parents ont accolé celui de ma grand-mère maternelle, Marie-Louise.

Je n'ai pas de souvenir de mes premières années en Suisse, car mes parents se sont installés en France dès 1925, à Nogent-sur-Marne. Mon père devait y créer une usine Bally avant de partir en Angleterre, puis aux États-Unis pour y poursuivre le développement international du groupe.

Il n'en eut pas le temps. À l'hiver 1926, il mourut. D'une panne des glandes surrénales, une maladie que l'on mettrait aujourd'hui quinze jours à soigner. Ce n'était pas le cas à l'époque où on l'a au contraire regardé mourir en quinze jours, impuissants face à ce mal. L'image de mon père reste floue. Je me souviens surtout du jour où, peu avant sa mort, nous fûmes conduits, mon frère et moi, chez nos grands-parents. Nous sommes revenus chez nous uniquement pour l'embrasser une dernière fois dans son lit. J'ai vu par la suite des photos de lui mais, de cette rencontre personnelle, je ne garde pas même le souvenir des traits précis de son visage. C'est plus tard, avec une acuité renforcée pendant la guerre, que je mesurerai tout ce que j'ai reçu de lui : l'ouverture aux autres et au monde extérieur et cette foi dont la lumineuse assurance était un fruit de sa conversion.

Je n'avais pas encore quatre ans et je n'avais déjà plus de père. Ce fut le premier tournant de ma vie. Veuve après moins de six ans de mariage, Maman est revenue chez ses parents, qui habitaient alors au 41 rue des Martyrs, dans un grand immeuble en U, embrassant de ses deux extrémités un vaste jardin sur lequel s'ouvrait l'école maternelle du rez-de-chaussée.

Cet appartement, au quatrième étage, abritait donc mes deux grands-parents Rougnon, Maman, sa sœur aînée, restée célibataire, Marguerite, que nous appelions Marraine, et, un temps, ses deux frères cadets, Fernand et Charles. Après s'être cassée le col du fémur, en 1928, ma grand-mère ne pouvait plus monter au quatrième, l'immeuble n'ayant pas d'ascenseur. Nous avons quitté la rue des martyrs pour Saint-Germain-en-Laye où je vis toujours aujourd'hui.

Nous occupions tout le rez-de-chaussée d'une vaste demeure que des amis du Poitou possédaient avenue de la République. Cette résidence, l'Hôtel de Furstenberg, de style classique et d'une grande élégance, était l'ambassade d'Angleterre sous Louis XIV. J'y ai habité plus de cinquante ans, jusqu'à la mort de Maman, en 1981, date à laquelle j'ai emménagé rue Hennemont, la rue du petit cours où j'ai effectué mes années de primaire.

Mon grand-père, Paul Rougnon, était professeur au Conservatoire de musique de Paris. Je dois à la vérité historique, et non à un quelconque chauvinisme familial, de rappeler qu'il fut l'un des plus grands et des plus respectés professeurs de musique de son époque. Il était connu dans le monde entier et recherché par les meilleurs pianistes. Au Conservatoire, il était professeur de solfège. Après plus de trente ans d'enseignement rue de Rome, de 1891 à 1921, il prit sa retraite. Mais ne cessa pas d'enseigner. Durant les quinze ans qu'il lui resta à vivre, il continua de recevoir des élèves, de suivre ceux qu'il avait formés.

Il était également compositeur et laissa de nombreuses œuvres, écrites pour l'essentiel au début du XXe siècle. Lorsque je suis née, et a fortiori lorsque nous l'avons rejoint rue des Martyrs, il travaillait donc chez lui. La qualité et la beauté étaient toujours au rendez-vous. La musique régnait en maître à la maison. Elle était l'air que nous respirions.

D'emblée, la musique s'est donc imposée à moi comme une compagne familière. Elle n'était pas une activité annexe, supplémentaire, comme pour la plupart des gens, y compris mélomanes. Elle était la vie même. Je n'ai pas eu plus besoin d'apprendre les notes que d'apprendre les mots. La grammaire était une discipline à travailler, le solfège était une évidence. Autant que le français et l'allemand, plus même peut-être, la musique fut ma langue maternelle.

Ma tante célibataire, Marraine, était également professeur de piano. Maman, elle, avait appris le violon. Elles jouaient beaucoup ensemble à la maison. Mon frère Francis avait commencé le violon. Moi, dès mon plus jeune âge, je me suis assise devant le piano. Mes mains, m'a-t-on raconté, se sont d'emblée bien placées sur le clavier. J'ai tout de suite su lire mes notes. Bref, j'avais un don. Je le dis sans modestie, mais sans fierté ou arrogance. J'ai eu la chance d'apprendre le piano sans le savoir.

Petite fille, j'ai su que ma voie était tracée : je serai pianiste, la musique serait ma vie.

J'avais sept ans et cette certitude totalement ancrée en moi. Je passais plusieurs heures par jour devant le piano. Chaque soir, je jouais une demi-heure en duo avec mon frère Francis au violon. Et mon grand-père passait lui-même vingt minutes ou une demi-heure à me faire travailler.

Dans les premières années, il m'apportait des partitions recopiées en gros pour que je puisse les déchiffrer. Il était exigeant. J'ai dit que le piano avait toujours été pour moi un plaisir. C'est vrai, mais pas question pour autant de s'amuser sur le clavier, de faire n'importe quoi ou de perdre son temps.

De ce grand professeur qu'était Paul Rougnon, j'ai retenu que bonheur rimait avec rigueur. En musique, d'abord. Et dans tous les domaines de la vie, finalement.

J'aimais tout : Bach et Beethoven m'ont structurée musicalement et mon grand père aimait à me les faire travailler. Il choisissait spécialement les partitions pour moi. Mais rapidement, j'ai abordé des compositeurs comme Debussy ou Ravel, qu'il n'avait pas adoptés. J'avais l'esprit analytique.

On dit les enfants rebutés par le solfège. Moi, je n'aimais rien tant que décortiquer une partition, comprendre la construction d'un morceau.

Je connaissais toujours par cœur une partition avant de la jouer. J'étais curieuse de tout. Chaque fois que j'abordais un compositeur nouveau pour moi, je posais mille questions : comment a-t-il vécu ? comment a-t-il appris la musique ? dans quel milieu évoluait-il ? par qui a-t-il été influencé ? exerçait-il un autre métier ? Je voulais tout savoir.

Très vite aussi, on m'a fait jouer en public. Il n'était pas une réunion de famille, par exemple, sans que l'on me demande de jouer. Mon grand-père m'emmenait aussi parfois à ses auditions et me faisait m'asseoir au clavier. Pour ses élèves, j'étais « la petite-fille de Paul Rougnon ». Je dois admettre que cela impressionnait. Mais il me fallait être à la hauteur. L'étais-je ? On me le disait, en tout cas. Et ce qui est sûr, c'est que je n'ai jamais ressenti de trac avant de jouer en public.

J'étais surtout fascinée de voir défiler à la maison tous les grands artistes du moment, si bien que je n'ai jamais eu d'autre horizon que l'excellence. Deux élèves de mon grand-père, surtout, m'ont marquée : Alfred Cortot et Yves Nat. Cortot m'impressionnait. Nat me séduisait. Il était d'une gentillesse et d'une disponibilité rares. Je me revois sauter sur ses genoux. Il venait souvent chez nous à Paris et mon grand-père l'avait accueilli aussi dans sa maison de Bonnes. Il m'a fait patiemment travailler plusieurs sonates de Beethoven, dont il fut l'un des meilleurs interprètes et dont il a laissé une intégrale toujours recherchée par les discophiles. Il m'asseyait sur le tabouret, me faisait jouer, puis prenait ma place pour m'expliquer un phrasé ou un doigté, avant de m'inviter à rejouer.

Après chacun de ses passages à la maison, je mesurais concrètement les progrès que j'accomplissais. Avec Yves Nat, comme avec de nombreux autres pianistes, j'ai gardé des relations, même après la mort de mon grand-père, en 1934.

J'avais neuf ans, lorsque je fis ce qui me sembla être mon premier récital. Le professeur Rougnon avait décidé de faire jouer en public ses meilleurs élèves et choisit ce jour-là d'ajouter à la liste la petite fille que j'étais, de plusieurs années leur cadette. C'était à la salle Gaveau, pas dans la grande salle, mais dans une des petites salles, situées deux étages plus haut, et qui pouvait accueillir entre cent cinquante et deux cents personnes. Je crois avoir joué ce jour-là une des dernières sonates de Beethoven.

Peu après, il me fut donné de jouer à Genève sous la direction du chef d'orchestre Eugène Ormandy. Ce grand chef hongrois, alors âgé de trente-cinq ans environ, venait de prendre la tête de l'orchestre de Philadelphie, un des meilleurs orchestres américains, qu'il allait marquer de son empreinte durant près de quarante ans. Il n'avait pas encore atteint la célébrité mondiale, mais le milieu musical lui prédisait déjà un très brillant avenir. Le soliste était tombé malade quelques heures avant le concert et, dans l'urgence, on s'était rabattu sur la petite-fille de Paul Rougnon. Le concerto de Grieg était au programme et je venais justement d'en déchiffrer la partition. Ce fut une grande fierté pour moi. Par la suite, j'ai joué peu de concertos, privilégiant le récital.

C'est autour de cette période que j'ai compris que je serai concertiste, que le piano ne serait pas pour moi un passe-temps, mais la raison d'être de ma vie, ma manière de m'exprimer et de rendre aux autres les dons que le Seigneur m'a donnés. Je le dis sans orgueil. Et d'ailleurs, jamais personne dans ma famille ne m'a monté la tête.

Au contraire, j'ai appris à ne jamais me mettre en avant et à toujours considérer le chemin qui restait à parcourir plutôt que l'avance éventuelle que l'on pouvait avoir sur les autres.

Si je reviens aujourd'hui sur la perspective d'une réelle carrière musicale qui s'ouvrait devant moi, c'est juste pour que l'on comprenne la blessure jamais refermée que fut l'obligation de renoncer au piano après la guerre.

1922, l'année de ma naissance fut aussi celle de la création de la Société des nations, tentative louable pour tirer les leçons de la terrible guerre de 1914 et instaurer un ordre international juste, fondé sur le dialogue entre les États. Mais cet éphémère espoir de paix n'a pas duré assez pour s'inscrire dans ma mémoire. Sous mes yeux de petite fille, défilait au contraire un monde de périls, vivant dans la crainte d'un nouveau choc.

J'ai eu la chance, tant du côté paternel que du côté maternel, d'être entourée d'une famille plus ouverte que la moyenne sur l'extérieur, le monde, l'actualité. Mon père étant suisse, nous n'avons jamais grandi dans l'idée que notre univers s'arrêtait aux frontières de la France. Par nos amis, nous étions en particulier très attentifs à ce qui se passait en Allemagne. Je me souviens de conversations familiales où il était déjà question de l'ascension de Hitler alors que l'on n'en parlait pas du tout encore en France.

Mon grand-père Rougnon ayant des élèves venant de toute l'Europe, et voyageant beaucoup lui-même pour assister à des concerts, avait aussi une vision très internationale de l'actualité. En ce qui me concerne, je ne comprenais pas nécessairement ce qui se tramait, mais je m'intéressais à tout.

Mon grand-père recevait chaque matin *Le Figaro*. Je le prenais et le parcourais avec passion bien que de façon assez désordonnée. Cela ne lui plaisait pas que je découvre ainsi la réalité du monde sans discernement et sans préparation. Il m'a dit un jour : « Je vois que le journal t'intéresse, et c'est très bien, mais ça ne me plaît pas que tu lises n'importe quoi. Si tu le veux, je vais t'indiquer des articles à lire, et je te les expliquerai. » Il n'est pas besoin de dire ma joie d'être ainsi prise en main, à dix ans environ, par cet homme que j'admirais, que j'aimais et en qui j'avais toute confiance. C'est ainsi que chaque jour, il me faisait ma revue de presse particulière. La culture avait évidemment une place privilégiée, mais il attirait mon attention sur la vie internationale, en m'expliquant le contexte politique des pays dont il était question. C'était notre rite quotidien, juste après les leçons de piano. Il y avait le journal, mais aussi la radio. Autour du gros poste, la famille se rassemblait pour écouter les nouvelles, comme on disait alors.

Les analyses de mon grand-père ne reposaient jamais sur un jugement a priori. Il ne disait jamais « ils ont raison » ou « ils ont tort ». Il essayait de me faire comprendre pourquoi tel ou tel agissait de la sorte. Non pas que tout se valait à ses yeux, mais par rigueur intellectuelle. Il fallait d'abord connaître, puis comprendre, et, enfin, juger. Avec sagesse et autorité, il me disait qu'on ne savait pas toujours tout, que des éléments d'appréciation nous manquaient, et qu'avant de foncer tête baissée dans un sens ou dans l'autre, une certaine retenue de jugement était de bonne méthode. C'est ainsi que les deux totalitarismes, stalinien ou nazi, ont été passés au crible de mon intelligence de petite fille.

Si je devais aujourd'hui situer politiquement la famille de ma mère, je dirais qu'elle était de centre-droit, avec un intérêt bienveillant pour ce qui pouvait venir du centre-gauche. Le Front populaire, par exemple, n'était pas considéré dans la famille comme une expérience positive. Et je ne crois pas que grand monde autour de nous ait voté pour ses candidats. Mais j'entendais à table une certaine compréhension pour ceux qui y croyaient. On comprenait que ceux qui avaient des conditions de vie plus difficiles que nous puissent être tentés par un gouvernement qui leur promettait des jours meilleurs.

Notre milieu social était davantage touché par les mouvements politiques voyant le jour à droite. Je pense en particulier aux Croix-de-Feu du colonel de La Roque. À Poitiers, notamment, beaucoup autour de nous se montraient intéressés. Mais, là encore, autant que je me souvienne des conversations d'adultes que j'entendais, c'était la méfiance qui prévalait. À cause de cette ouverture sur l'étranger que nous avions, les discours trop exclusivement nationalistes n'avaient pas bonne presse à la maison.

Cette prudence de mon grand-père ne signifiait aucun fatalisme, aucune résignation face aux dangers. Au contraire. Sa rigueur de méthode lui a donné une extrême lucidité et une clairvoyance que j'ai rapidement vérifiée.

Paul Rougnon est mort le 12 décembre 1934, six ans avant la guerre. Et je l'entends pourtant nous mettre en garde contre une catastrophe qu'il croyait, ou plutôt qu'il savait déjà inéluctable. Hitler venait tout juste d'arriver au pouvoir, puisqu'il a été élu en 1933. Alerter contre ses visées expansionnistes allait presque de soi – encore que beaucoup sont restés tardivement aveugles – après l'*Anschluss* de l'Autriche ou l'annexion des Sudètes. Mon grand-père, lui, a compris beaucoup plus tôt. Je l'entends encore annoncer la guerre comme quelque chose d'imminent. Il s'attendait à la voir déclarée dans les semaines qui suivaient.

Qu'importe que son diagnostic fût un peu trop anticipé, il nous a éduqués dans la conscience de la dangerosité du monde.

Nous avions des Allemands parmi nos amis, ce qui nous a permis de toucher du doigt les changements qui se passaient outre-Rhin.

La plupart exprimaient leur inquiétude, quand en France, personne n'était choqué par l'arrivée des nazis au pouvoir, à part quelques rares intellectuels, chrétiens pour la plupart, à l'instar de l'écrivain Georges Bernanos ou du philosophe Jacques Maritain. Mais deux de ses amis, au contraire, étaient très favorables à Hitler. Ils nous disaient que dans la situation catastrophique où se trouvait l'Allemagne, il fallait un chef. Ils voyaient en Hitler un sauveur. Ils ont vite déchanté.

Ce regard vigilant sur l'Allemagne que nous avions était conforté par les souvenirs de ma grand-mère qui avait connu la guerre de 1870 et celle de 1914. Comme beaucoup de personnes qui avaient traversé ces événements, elle parlait des « Boches ». Mais pas avec l'accent méprisant et quasi haineux que l'on entendait souvent.

Quand je parlais avec des camarades de classe, j'en déduisais aisément la manière dont leurs parents considéraient les Allemands.

Personnellement, ce ton « anti-boches », qui s'est ravivé pendant l'Occupation, m'a toujours gênée. Je n'admettais pas qu'on puisse nourrir et entretenir une détestation pour des êtres humains ; qu'au nom d'un rejet, au demeurant justifié, de la politique d'un pays, on puisse condamner en bloc un peuple. Je n'ai jamais cru qu'un être humain soit à 100 % mauvais, responsable ou simplement complice, d'une situation mauvaise.

Je le pensais avant-guerre. J'ai continué de le penser durant la guerre, même aux heures les plus noires où j'aurais pu en vouloir personnellement aux Allemands. Ma foi chrétienne m'invitait à porter sur chaque homme non pas le regard des autres, mais le regard que Dieu lui-même portait sur lui. Ce ne fut pas toujours facile, on le verra. Mais c'est toujours une exigence.

Une fois encore, cette bienveillance de fond, ou de principe, sur l'être humain, n'empêchait pas la lucidité sur la situation. Je crois l'avoir dit : nous avions au contraire une conscience plus vive du danger qui pouvait venir de Berlin.

Petite fille, déjà, j'étais passionnée par la géographie et par les cartes, que je scrutais dans les livres pendant des heures. On m'avait offert, alors que j'avais neuf ou dix ans, un livre présentant l'évolution des frontières des pays du monde. C'est sans doute pour cela que, dans ma tête, je voyais l'Allemagne comme un gros bloc brun, comme une sorte de rocher qui faisait mal en cherchant à pousser sur ses voisins, l'Autriche, la Pologne, la Suisse ou la France.

Que je sois suisse germanophone me plaçait dans une situation particulière. Aux yeux d'une partie de notre entourage d'abord, pour qui être allemand et parler allemand, c'était la même chose.

Or, confondre les deux peuples est un énorme contresens. Précisément parce qu'une partie d'entre eux parle allemand, les Suisses ont toujours été jaloux de leur indépendance et désireux d'afficher leur distance avec ce puissant voisin. Avec le recul, je mesure la part de fierté suisse qui m'a prédisposée à entrer, par la suite, en résistance.

Mais c'est vrai que nous comptions beaucoup d'Allemands parmi nos amis. Sans comprendre très exactement tout ce qui se préparait à Berlin, j'éprouvais un sentiment d'incompréhension affligée envers un peuple qui se livrait inexorablement à un homme imprévisible qui l'entraînerait on ne sait où.

Notre famille était habitée par un sens inné de la mesure, de la maîtrise. Que des hommes et des femmes puissent s'embarquer dans une aventure irrationnelle, à l'outrance déjà perceptible, dépassait ce que je pouvais comprendre.

Dire que la nature réelle du régime nazi sautait aux yeux, serait à la fois malhonnête et anachronique. Disons que je sentais que quelque chose clochait. Je m'en étais ouverte d'ailleurs à mon professeur d'allemand. « Les Allemands sont moins individualistes que les Français. Avoir un chef les rassure », m'avait-il dit.

L'explication ne m'avait convaincue qu'à moitié. Pour moi, ils étaient tout simplement en train de se faire avoir. J'étais inquiète pour ce monde sans me douter que la petite spectatrice de dix ans deviendrait quelques années plus tard une actrice, modeste mais totalement engagée.

Par cette enfance qui m'a façonnée, par ce regard qu'il m'a été donné de porter sur le monde et sur les hommes, j'ai compris par la suite qu'il me fallait donner une nouvelle illustration de la devise de la famille Girtanner : « Oser et tenir bon. »

Chapitre III

« Vous n'allez quand même pas occuper la Suisse ! »

En ce mois de juillet 1938, l'heure de la transhumance estivale arrivait. Comme chaque année, nous prenions nos quartiers d'été dans notre maison de Bonnes. Dans la famille depuis sa construction, dans les années 1650, cette bâtisse est située juste au bord de la Vienne, au cœur de ce petit village de quatre cents habitants, situé à une vingtaine de kilomètres de Poitiers d'un côté, de Châtellerault de l'autre. Cette année-là, pourtant, j'ai cru que notre installation dépasserait largement le temps de la saison estivale. Mon grand-père, Paul Rougnon, croyait, je l'ai dit, à l'imminence de la guerre. Après sa mort, ma grand-mère, maman, ses deux frères et sa sœur ont continué d'être habités par ce sentiment. Un sentiment d'autant plus compréhensible et justifié que les événements leur donnaient chaque jour un peu plus raison. L'Autriche venait d'être annexée par l'Allemagne, au mois de mars. En Tchécoslovaquie aussi, le régime nazi se faisait menaçant, avec pour objectif l'annexion du territoire habité par les Sudètes. Nous ne savions pas encore comment réagiraient les démocraties.

La France nous semblait plutôt désireuse d'en découdre, mais les Anglais avaient envoyé au printemps un émissaire, Lord Runciman, qui avait clairement laissé entendre qu'il n'était pas question pour l'Angleterre de se battre pour la Tchécoslovaquie. Mais, dans toutes les hypothèses, nous voyions le ciel européen s'obscurcir.

Ma grand-mère, Marie-Louise Rougnon nous avait prévenus : « Nous partons, mais je ne peux pas vous dire combien de temps. Si ça tourne mal, il faudra sans doute rester à Bonnes et s'organiser en conséquence. »

Elle ne s'était trompée que d'un an. Ce qui nous a permis de vivre une sorte de répétition générale de l'été 39 et des années d'occupation. Nous étions dix-huit dans la maison. « Grand-mère », comme nous l'appelions, qui avait soixante-quatorze ans à la mort de son mari, Maman, « Marraine », mes deux oncles et leurs femmes, nos neuf cousins germains, mon frère Francis et moi. Dix-huit sous le même toit ! Heureusement la maison est grande, et il n'y avait aucune difficulté à loger tout le monde. Quelques mois plus tard, les Allemands ne se priveraient pas de le faire remarquer, en décidant de l'occuper en partie...

La maison, baptisée le Vieux-Logis, a été construite vers 1650-1670, juste au bord de la Vienne.

On y accède par une impasse partant de la place du village. Après la mort de mon grand-père, ce chemin a été baptisé impasse Paul Rougnon. Ce fut la première rue de Bonnes à recevoir un nom.

Après avoir gravi un perron de trois marches, on entre au rez-de-chaussée, tout entier dallé en larges pierres de Chauvigny, cette célèbre pierre blanche, tendant vers le jaune, d'un calcaire mi-dur à fin grain, extraite de la carrière de Peuron, au village de Chauvigny, à cinq kilomètres de Bonnes. C'est en cette pierre qu'a été construite la collégiale Saint-Pierre-de-Chauvigny, une superbe église du XIIe siècle.

À droite de l'entrée, le salon, suffisamment grand pour nous réunir tous et une grande chambre à deux lits ; à gauche, la salle à manger, puis la cuisine et un vaste garde-manger qui servait de pièce à tout faire, car c'était la seule alimentée en eau. Sinon, il n'y avait pas l'eau courante dans la maison, ni le chauffage. Il nous fallait aller puiser l'eau au puits pour remplir de grandes lessiveuses posées dans la cuisine. C'était une autre époque. Mais nous n'étions pas malheureux. Malgré cette absence de confort, il n'était pas question, par exemple, de faire sa toilette à moitié.

L'étage comprend sept chambres, ayant pour la plupart la vue sur la Vienne, dont cette chambre à deux lits que j'ai occupée avec mon frère jusqu'à la guerre. La maison est bordée d'un jardin en terrasse, dont le parapet donne directement sur le fleuve. Une barque à bouts pointus et à fond plat était amarrée au pied de la maison. Tous les riverains en avaient une, généralement peinte en blanc.

Comment aurions-nous pu imaginer que la Vienne, d'axe de communication qu'elle était, deviendrait un jour une frontière ? Que, paisible et accueillante, elle deviendrait, à son insu, hostile et menaçante ? Que, trait d'union, elle symboliserait la séparation ? Entre deux France, arbitrairement coupées l'une de l'autre. Entre des familles, inutilement séparées.

En cet été 1938, nous n'y pensions pas encore. Au loin, un monde incertain s'agitait, mais ici, à Bonnes, nous étions heureux. Très heureux. Mon grand-père aimait profondément cette maison. La famille Rougnon est de souche poitevine. Beaucoup de nos parents habitaient Poitiers. Résidence secondaire au sens strict du terme, le Vieux-Logis a toujours tenu le rang de résidence principale dans notre cœur. C'était notre vrai chez nous.

Dans Bonnes, nous connaissions tout le monde. Spontanément, tous les habitants venaient frapper à notre porte pour partager les bonnes et les mauvaises nouvelles de leur existence ; les naissances et les décès.

C'est vers nous que l'on se tournait également pour toute sorte de petits services. Je crois que notre famille Rougnon était autant aimée que respectée dans la région.

Moi aussi, j'ai cet amour pour cette maison, dont j'ai pris la direction de fait pendant la guerre, au côté de ma tante Marraine, dont je suis propriétaire aujourd'hui, en indivision avec l'un de mes cousins, et, où je continue de venir m'installer chaque été.

On l'a compris, j'entretiens un lien particulier avec le Vieux-Logis, qui précède de beaucoup les événements de la guerre et qui les dépasse largement. Quatre ans d'occupation et d'action résistante, qu'est-ce à l'échelle d'une vie ?

Et, plus encore, qu'est-ce à côté d'une histoire de près de quatre siècles, silencieusement et jalousement conservée par les pierres ? Je dois pourtant reconnaître que ces quatre années que je vais raconter, de 1940 à 1944, ont davantage marqué que d'autres. Dans ma vie personnelle, et dans l'histoire de la France.

À la fin de l'été 1938, nous sommes tout de même rentrés à Saint-Germain-en-Laye, soulagés de cette fausse alerte. Mais nous restions sur le qui-vive et les bagages étaient toujours prêts. Par nos relations en Allemagne, ou en Suisse, nous savions que la situation n'allait pas en s'améliorant et qu'il ne pouvait pas en être autrement.

C'est pour cela que nous n'avons pas accueilli avec le même optimisme béat dont faisait preuve l'opinion les accords de Munich, signés pour la France par Édouard Daladier. On lui prête cet aveu désabusé face aux acclamations de la foule venue acclamer le « sauveur de la paix » à son retour à l'aéroport du Bourget : « Les cons, ils ne savent pas ce qu'ils applaudissent. » Je ne l'ai pas entendue formulée en ces termes, mais cette phrase résume à merveille l'état d'esprit qui régnait à la maison. Munich ne nous a pas du tout soulagés.

Comme mon grand-père quelques années plus tôt, nous sentions que la catastrophe arrivait et qu'en fait de concessions arrachées à Hitler, la France de la IIIe République n'avait fait que se bercer d'illusions. J'étais bien loin d'imaginer ce que je ferais en cas de guerre, mais j'avais déjà cette angoisse de me dire qu'il me faudrait m'occuper des plus âgés, des plus seuls, des plus démunis face à une crise de quelque nature que ce soit. J'avais une conscience, vague mais solidement enracinée en moi, que notre famille, que notre maison, auraient une responsabilité singulière à assumer à l'égard du village de Bonnes et de ses habitants.

Lorsque nous sommes revenus, à l'été 1939, j'ai compris d'instinct que nous entrions dans la grande épreuve et que le retour à Saint-Germain-en-Laye ne s'effectuerait pas de sitôt. D'ailleurs, très vite, notre appartement de la rue de la République fut prêté à des amis. Et c'est à Bonnes, que nous avons appris la déclaration de guerre, le 3 septembre. Ce fut un choc. Nous nous y attendions, nous nous y préparions même. Chaque jour, à midi précis, nous écoutions les informations, avec anxiété, redoutant l'annonce fatidique. L'absence de surprise n'y a rien changé. C'est comme si j'avais reçu une décharge électrique en plein cœur. Le visage de Grand-mère, tendu et blême, m'en a dit plus long que le flot des informations. Elle qui avait connu 1870 et 1914 voyait défiler dans sa tête des images de mort, de destruction, de haine, de douleur. Je les lisais dans ses yeux. Je me rendis aussitôt dans le village. Pour faire des courses. Et vérifier si je n'avais pas rêvé. Non, je n'avais pas rêvé.

En quelques instants, la place du village s'était remplie. Comme si on allait y trouver des informations supplémentaires. Comme si le fait d'être rassemblés permettrait de conjurer le danger. Ou, du moins, la peur. Mais qu'avions-nous de plus à dire ? La place grondait d'une rumeur assourdie, chacun n'ayant finalement rien d'autre à partager avec son voisin que sa propre stupéfaction. Moi comme les autres. Sans me prendre pour Jeanne d'Arc, je me disais que je devais être utile d'une manière ou d'une autre à mon village. Comme l'ensemble des Français, durant les huit mois de cette « drôle de guerre », dont je me demande encore ce qu'elle avait de drôle.

Vu de Bonnes, au quotidien, il ne se passait rien. Nous ne sommes pas revenus à Saint-Germain-en-Laye pour autant. Nous étions installés au Vieux-Logis, pour de bon cette fois. N'était-ce l'inquiétude face à ce qui allait se passer, on aurait pu se croire en grandes vacances prolongées. Il me fallait tout de même m'organiser. J'avais eu le temps de passer mon premier bac, avant notre départ, mais pas le second, que j'aurais normalement dû passer à l'été 1940. Je me suis donc occupée de mettre en place un système de cours par correspondance, et de repérer des professeurs à Chauvigny qui auraient pu me faire travailler. Progressivement, la prise en charge de la maison et de tous les aspects de la vie quotidienne est passée sur mes épaules. Ma grand-mère commençait à être âgée et restait en partie handicapée, dix ans après s'être cassée le col du fémur, et ma mère n'avait pas la force de gérer une telle situation. Depuis la mort de mon grand-père, et compte tenu de celle, précoce, de mon père, ma tante « Marraine » était devenue, d'une certaine manière, l'homme de la famille. C'est sur elle que tout reposait. Dès que j'ai pu, je l'ai secondée, dans la vie quotidienne du Vieux-Logis.

Quant à la guerre, nous ne l'imaginions pas vraiment. On prévoyait des combats dans le Nord ou dans l'Est de la France. Mais on ne s'attendait pas à voir des soldats allemands dans nos rues, encore moins à se retrouver dans une position stratégique.

Tout bascula, dans ma vie, celle de Bonnes et celle de la France, ce 22 juin 1940. Depuis six semaines, la guerre était devenue une réalité pour la France. Le 10 mai, les chars allemands avaient pénétré sur le territoire, balayant en un éclair nos positions. C'est la débâcle de notre armée, l'exode de la population et le repli du gouvernement, contraint de fuir Paris pour Tours, puis Bordeaux. Je les vis comme une débâcle morale, un exode de la conscience, un repli de l'autorité, une fuite du courage. Le 22 juin à l'aube, les troupes allemandes entrent dans Poitiers. Le même jour, le maréchal Pétain qui succède à Paul Reynaud à la tête du gouvernement, signe l'armistice. « Tu te rends compte, à Rethondes ! Dans le wagon même de l'armistice de 1918 », fulmine, avec une rage contenue, ma grand-mère au bord des larmes.

Ce même jour, les Allemands entrent dans Bonnes. Il est des images qui se gravent à tout jamais dans votre mémoire. J'ai évoqué celle de mon père sur son lit de mort. Il y en aura d'autres, durant ces quatre années de résistance. Il y a, ce 22 juin 1940, la vision de ce camion allemand, les roues tournées vers l'entrée du Vieux-Logis.

Je sortais de la maison, quand j'entendis un bruit du moteur, d'une puissance inhabituelle, venant de l'impasse conduisant chez nous. Je me suis précipitée à l'extérieur de l'enceinte et j'ai vu arriver tout un convoi de camions militaires. Ce fut un nouveau moment de stupeur.

Sans avoir aucune idée de ce que j'allais faire, je suis revenue dans la maison et j'ai lancé à Maman et grand-mère : « Voici les Allemands. Ne bougez pas, je m'en occupe. » Ma phrase à peine achevée, j'étais déjà ressortie. C'est alors que je vis l'avant du premier camion commencer de tourner en direction du jardin. D'un bond, j'ai fermé la grille et me suis mise devant, plantée les bras croisés. Jouant cette fois les saintes Geneviève, interdisant l'entrée de

Paris à Attila. Intérieurement, je n'en menais pas large. Mais je m'efforçais d'afficher une détermination totale.

Un officier est alors descendu de la porte avant droite du camion, marchant vers moi d'un air furieux. Il ne fallait pas lui laisser l'initiative du premier mot, ne pas lui laisser le temps d'instaurer le rapport de force en sa faveur. Avant donc qu'il n'ouvre la bouche, c'est moi qui l'ai apostrophé. « *Was wollen Sie ?* » C'est-à-dire « que voulez-vous ? » J'avais fait exprès de parler en Allemand. L'effet fut immédiat et sa surprise totale : « Vous êtes allemande ? », m'a-t-il répondu.

- « Non, je suis suisse. Et on n'entre pas ici. » De stupeur, son ton s'était un peu radouci, mais restait ferme.

- « Je suis désolé, mais nous devons entrer. Nous allons occuper votre maison. »

- « Vous n'y pensez pas ! Je viens de vous dire que j'étais suisse. Vous n'allez pas occuper la Suisse, tout de même ? »

- « Que vous le vouliez ou non, c'est ainsi. Ouvrez la grille. »

Il n'y avait pas vraiment matière à discussion, et le déséquilibre était sans appel. Mes mots contre leurs armes ; ma solitude contre leur nombre ; mon indignation contre leur détermination, ma bonne foi de résidente contre leur arrogance d'occupant ; la partie était perdue d'avance.

La mort dans l'âme je dus me résoudre à leur ouvrir le passage. Le grincement de la lourde grille en fer forgé traduisait le grincement de mon cœur. Nos armées avaient été vaincues. Comment une simple civile ne le serait-elle pas ? Mais s'ils pouvaient occuper notre maison, ils ne pouvaient pas ravir ma dignité et l'honneur d'une famille, ici chez elle depuis trois siècles. Ils entraient, soit, puisque je ne pouvais pas faire autrement. Mais derrière moi. Je marchais lentement, entendant dans mon dos l'impatience des moteurs. Sur le perron, je me suis à nouveau retournée et plantée devant mes hôtes forcés : « Que les responsables s'avancent. Nous allons discuter. »

Se sont alors présentés deux officiers, un commandant et un capitaine, que ma connaissance des grades allemands m'a permis d'identifier aussitôt. Ils étaient visiblement estomaqués que je parle allemand aussi bien qu'eux. Cela n'enlevait rien à leur assurance d'occupant, mais cela les contraignait à faire attention à ce qu'ils disaient, sachant que je comprendrais tout. Sans doute aussi voyaient-ils dans ce lien de la langue une source de simplification pour eux. D'où, je pense, une relative politesse dans leur manière de s'adresser à moi.

Si je ne m'étais pas plantée sur le perron, en travers de la porte d'entrée, ils seraient cependant entrés dans la maison sans mon autorisation. Mais je voulais à tout prix garder la maîtrise des événements, ou du moins tenter de le faire.

« Je vais vous faire rentrer, leur ai-je alors dit. Mais les officiers seulement. Et c'est moi qui vous ferai visiter les lieux. » À la porte du salon, j'ai ajouté : « Ma grand-mère est dans le salon. Elle est âgée et fatiguée. Elle se repose. Je ne vous fais donc pas entrer. » À ma grande surprise, ils se sont inclinés, sans exiger à voir la pièce. « Voilà au moins une manche gagnée », ai-je pensé intérieurement. À l'étage, ils ont regardé toutes les chambres. « Nous en prenons deux », m'a dit le commandant, d'un air satisfait. Comme par hasard, les deux plus grandes et les plus belles. Celle d'angle, que j'occupais jusqu'alors avec mon frère, et une autre, voisine, donnant elle aussi sur la Vienne.

Ma repartie a fusé : « Deux ? Il n'en est pas question. Nous sommes dix-huit dans la maison. Déjà en renonçant à une chambre, nous allons devoir nous serrer. Mais deux, c'est impensable ! » Le ton d'autorité que je m'efforçais d'employer ne suffit pas, cette fois. Les deux chambres, m'a-t-il fait comprendre, n'étaient pas à discuter. Je tentais alors de me faire plus aimable, un rien suppliante, mettant en avant surtout notre nationalité suisse pour l'assurer que nous ne nous sentions pas concernés par cette guerre ; que nous n'avions rien contre eux, mais rien contre les Français non plus. Et que, donc, si je lui refusais cette deuxième chambre, c'était uniquement pour le confort de ma famille. M'a-t-il senti rougir ? A-t-il perçu que ma voix se faisait plus hésitante ? Par cet argument, en tout cas, je proférais mon premier mensonge. Car il était bien entendu faux que cette guerre m'était indifférente. Il était bien entendu

moi, je posai mon vélo au pied du perron, grimpai les marches et pénétrai sans frapper dans le grand salon du rez-de-chaussée.

Rétrospectivement, je me demande comment j'ai pu avoir ce culot. Mais sur le moment, je ne me suis posé aucune question. Sûre de mon bon droit, j'abordai le général, encore bouche bée devant l'intrusion d'une jeune fille effrontée de dix-huit ans.

« Vous êtes bien le responsable de la région ? Eh bien, je viens vous dire que ça commence très mal, car on ne respecte pas ma nationalité suisse ! » Au lieu de m'expulser, il me demanda de m'expliquer. Je repris mon calme et lui tendis mes papiers d'identité. À lui, comme aux deux précédents, je déclarai que nous ne cherchions pas spécialement à nous opposer à eux, mais demandions la prise en compte de la neutralité de notre pays.

Sur les dix-huit occupants du moment de la maison, seules Maman et moi étions suisses, les autres étant évidemment français. Mais je me gardai bien de faire dans le détail. C'est toute la famille qu'il s'agissait de préserver. Sans soupçon d'égoïsme, je peux l'assurer.

Avec, au contraire l'obsession que des marges de liberté ainsi arrachées nous permettraient d'être le plus utile possible aux autres.

Il réfléchit trente secondes, à peine. Trente secondes que j'investis d'une prière suppliante. Et exaucée. S'asseyant à son bureau, il noircit une feuille qu'il tamponna et me tendit en me disant : « Vous pouvez être contente. » J'étais contente en effet, fière et heureuse de pouvoir ramener une bonne nouvelle à la maison. J'ai rarement pédalé aussi vite pour revenir de Poitiers à Bonnes.

Au Vieux-Logis, je retrouvai mon commandant, qui avait commencé d'installer ses affaires. La lecture de la feuille lui arracha un rictus dans lequel je lis un mélange de rage et d'admiration pour son jeune adversaire qui venait de gagner une manche contre lui. Puis il donna des ordres à son ordonnance. Dans notre maison, les Allemands n'occuperaient donc qu'une chambre, comme je l'avais espéré, et pas deux, comme ils voulaient nous l'imposer. Nos armées avaient dû s'incliner devant eux. Mais il nous restait d'autres armes : la détermination, la ruse, l'honneur.

Elles venaient de montrer leur efficacité.

J'avais sauvé une chambre. Victoire bien dérisoire au regard de la tragédie qui s'abattait sur la France. Car après avoir subi la défaite, il nous fallait subir la division du pays en deux.

Une division dont nous ressentions plus fortement qu'ailleurs la cruauté et l'absurdité, puisque la ligne de démarcation passait dans Bonnes, au milieu de la Vienne, au pied de notre maison. C'est pour cela d'ailleurs que les Allemands tenaient à s'y installer. Elle leur fournissait un lieu de contrôle et d'observation unique.

Le village lui-même était coupé en deux car, si son centre et l'essentiel des habitations étaient sur la rive gauche de la Vienne, certaines maisons avaient été construites sur la rive droite. Quiconque a vu *La ligne de démarcation*, le beau film de Claude Chabrol avec Maurice Ronet et Jean Seberg, peut comprendre ce que fut la réalité de cette séparation, le traumatisme représenté par cette frontière de l'intérieur, longue de mille deux cents kilomètres, qui d'Arnéguy, dans les Basses-Pyrénées d'alors, à la frontière espagnole, jusqu'à Gex, dans l'Ain, au contact de la Suisse, traversa treize départements français. Pour ceux qui n'ont pas connu la guerre, le témoignage des habitants de Berlin qui se sont réveillés, un matin d'août 1961 avec un mur sous leurs yeux, aide à comprendre le choc que fut l'installation de cette ligne. Elle n'était faite ni de briques ni de barbelés, mais la réalité fut la même : une installation éclair, en quelques heures, une surveillance qui la rendait infranchissable par des moyens habituels ou autorisés. Aussitôt, la ligne de démarcation allait inspirer espoir et crainte : espoir de la liberté et crainte de la mort ; espoir de poursuivre le combat en passant de l'autre côté, crainte d'être attrapé en la franchissant.

Pour moi, c'était physique. Je ne supportais pas cette séparation. Je n'acceptais pas que l'on fasse jouer ce rôle de barrière à la Vienne, à « ma » Vienne. Du Vieux-Logis, je regardais vers la zone libre. Je me sentais des deux côtés. Je ne voulais pas qu'on m'interdise de fouler le sol de mon pays, la terre de ma famille, l'environnement naturel des gens de mon village.

La ligne de démarcation fut mise en place aussitôt l'armistice signé. Pour nous donc, l'entrée des Allemands à Poitiers a coïncidé avec la clôture de la zone occupée. Du jour au lendemain, il fut tout simplement interdit de passer d'un côté de Bonnes à l'autre. Je l'ai dit, une partie des maisons se trouvaient sur la rive droite.

Le village était relié par un pont. Un pont très ancien, construit au XVIIIe siècle, je crois, à sept arches, long d'environ cent cinquante mètres, la Vienne étant très large à cet endroit. Situé à l'extrémité de notre jardin, il est l'unique franchissement possible six kilomètres en amont et huit kilomètres en aval. C'est dire s'il était un enjeu stratégique et son accès étroitement contrôlé. Il fit d'ailleurs l'objet de la toute première affiche placardée dans Bonnes. « *Verboten* », inscrit en lettres énormes. Interdit. Interdit de franchir ce pont que tout le monde empruntait quotidiennement, pour une raison simple : le pont se prolonge par la route conduisant, au bout de cinq km, à Chauvigny, la première ville à proximité de Bonnes.

Dans notre village de quatre cents habitants, il n'y avait que des petits commerçants, chez qui, d'ailleurs, on ne trouvait pas tout. Pour notre ravitaillement de base, nous dépendions donc de

Chauvigny. Voir cet accès bloqué nous a coupé le souffle. Les uns après les autres, les habitants arrivaient sur la place du village, interloqués par ce mot « *Verboten* » qui revenait trois fois dans un court texte de cinq lignes, évidemment rédigé en allemand. Mais personne ne parlait l'allemand. Hormis ce mot, vite devenu le mot allemand le plus familier des Français, sinon le seul, le reste de cette immense affiche de deux mètres sur quatre était incompréhensible.

Le maire n'était autre qu'Enguerrand de Vergie, le châtelain de Touffou, ami de notre famille, et propriétaire de la Suze, un apéritif très prisé à cette époque. Il savait que je parlais l'allemand, et que j'étais sans doute la seule. Il me demanda de traduire l'affiche. Je le fis bien volontiers.

Dans ces circonstances brutales, la nécessité de mettre ma connaissance de la langue de l'occupant au service de ceux qui allaient en pâtir m'est apparue naturelle. Par la ligne de démarcation, les Allemands instauraient la séparation. Par ma pratique de la langue de Goethe, je rétablirais la liaison. Ils créaient du tracas ; je voulais trouver des solutions.

Je souligne le caractère très empirique de ma démarche. Je ne me suis pas réveillée résistante un beau matin. Je ne me suis pas attribué, au lendemain de la défaite, la mission de bouter les Allemands hors de France. Je l'ai dit : je ne me prends pas pour Jeanne d'Arc pas plus que je n'ai eu l'audace folle et visionnaire du général De Gaulle croyant contre toute évidence à la possibilité de reprendre le combat.

Mon histoire est plus simplement celle d'une jeune fille voulant rendre service autour d'elle. Le reste, la suite, c'est-à-dire, l'assomption de cette histoire personnelle dans la grande Histoire, la force de passer du service au témoignage, n'est que l'enchaînement des circonstances, le travail de la Providence qui se sert d'intermédiaires fragiles pour agir.

Dans ces premiers jours de l'occupation, mon obsession était que tout se passe le mieux possible. Cela commençait par le ravitaillement du village. Comment nous approvisionner si la route de Chauvigny nous était interdite ? Une autorisation de franchir la ligne s'imposait.

Les Allemands ont très vite instauré le principe de l'*Ausweiss*, ce fameux laisser-passer, délivré par la *Kommandantur* d'une région. Sa délivrance était à elle seule un parcours du combattant : dossier complet, motivation de la demande, certification de domiciliation... Les tracasseries se voulaient dissuasives. Les habitants des départements traversés par la ligne pouvaient obtenir un *Ausweiss für den kleinen Grenzverkehr*, mot à mot, pour la petite circulation frontalière. Mais cela n'avait rien non plus d'automatique. Ceux-là étaient du ressort des QG locaux, les *Feldkommandanturen* et les *Kreiskommandanturen*. Mon premier mouvement fut donc de me rendre au château de Touffou.

J'y allais de mes arguments : la population qu'on ne pouvait pas laisser livrée à elle-même, les familles qu'il fallait bien ravitailler, d'autant que les hommes les plus valides avaient été mobilisés et n'étaient pas encore revenus, ma nationalité suisse, surtout, au nom de laquelle je ne pouvais pas accepter de contraintes... L'officier rencontré était prêt à m'accorder une autorisation ponctuelle.

Le dialogue fut expéditif.

- « Je n'ai que faire de votre autorisation d'un jour ! Je veux un laisser-passer permanent. »

- « Alors je ne peux rien faire pour vous. C'est ça ou rien. »

- « J'irai voir vos supérieurs à Poitiers. »

- « C'est ça, allez-y, bonne journée. »

L'ironie hautaine avec laquelle il me traita m'exaspéra au plus haut point. Je vis bien qu'il ne me prenait pas au sérieux. Eh bien, il verrait à qui il avait à faire.

Après tout, je l'avais déjà faite la route de Poitiers et l'officier qui avait voulu nous réquisitionner deux chambres avait vu de quoi j'étais capable. Celui-là aussi le vérifierait. J'étais d'autant plus déterminée que, de mon point de vue, je ne faisais que défendre mon bon droit et le bon sens. Et ce fut parti pour une nouvelle étape Bonnes-Poitiers, ses vingt kilomètres et ses dix-huit côtes...

L'accès au colonel installé à la préfecture fut à peine plus difficile que la première fois. Au planton qui voulait me barrer la route du grand bureau et m'orienter sur un secrétariat, je répondis que je connaissais l'officier supérieur et qu'il m'attendait. La perfection de mon allemand lui fut une preuve suffisante. Le colonel était le même que la première fois. Il me reconnut. « Que voulez-vous encore ? », me demanda-t-il sur un ton trahissant que la curiosité, sinon l'amusement, prenait le pas sur son agacement précédent. Je lui servis mon couplet, en prenant un air le plus navré et accablé possible.

Il consentit à me délivrer un *Ausweiss*. Pour six semaines. C'était mieux que rien, mais j'étais déçue. Puisqu'il avait fait un effort, il pouvait bien en faire un deuxième.

« C'est gentil, mais ça ne fait pas vraiment mes affaires. Je ne vais quand même pas revenir toutes les six semaines. D'abord, ça va vous énerver de me voir revenir. Et, ensuite, ce sera fatigant de faire chaque fois quarante kilomètres aller-retour en vélo. » L'argument ne fit pas mouche. Dans ses yeux, j'ai compris qu'il ne croyait pas à la faiblesse de mes forces physiques. Une autre raison, que je n'appris qu'un peu plus tard, expliqua son peu d'enclin à me céder : les officiers changeaient d'affectation toutes les cinq semaines. Un choix du commandement pour éviter sans doute qu'ils s'attachent trop aux gens au milieu desquels ils étaient placés. Le colonel savait donc que ce ne serait pas lui que je viendrais une nouvelle fois déranger !

Je sentis de mon côté que le coup de chance de pouvoir accéder directement au supérieur ne se produirait pas à chaque fois. Rien ne me garantissait contre un refus de renouvellement la fois suivante ou contre la contrainte de nouvelles démarches. Je tentai une dernière audace : « Au moins inscrivez dans vos fichiers que je suis suisse pour qu'on m'accorde sans trop de difficultés une prolongation de mon *Ausweiss.* »

Il le fit. Et ce me fut d'un grand secours par la suite. Certes, il me fallut revenir à Poitiers toutes les six semaines. Mais le sous-officier, ou tout simplement l'employé de la préfecture, qui gérait les demandes de laisser-passer, voyait dans ses fiches le rappel de ma nationalité. Le plus souvent, ce fut une formalité. Au bout de plusieurs semaines – cela devait être à la mi-1941 – mon autorisation fut prolongée pour une durée de trois mois.

En sortant de la préfecture, j'avais donc mon *Ausweiss.* Je pouvais aller à Chauvigny. C'était l'essentiel. Avec ma bicyclette et ma remorque, je pouvais enfin pouvoir rapporter tout ce dont nous manquions à Bonnes. Pour le compte de la petite épicerie, j'allais toutes les semaines chercher une motte de beurre de 10 kg, une soixantaine de tranches de jambon, des paquets de café...

Bref, tous les produits de première nécessité dont nous avions besoin.

Au poste de contrôle installé dans le prolongement du pont, elle était connue la petite Maïti ! J'y passais plusieurs fois par semaine. L'obligation d'approvisionner Bonnes, le refus d'être cantonnée arbitrairement sur une rive, l'envie de rendre des services, la nécessité, vite établie, de servir d'intermédiaire, tout concourrait à me faire franchir la Vienne. De manière régulière. Et, surtout, de manière naturelle, car ce fut le grand défi de ces années : que mes passages fréquents n'éveillent jamais le moindre soupçon.

J'avais pour cela deux atouts : mon âge et mon allemand. Avec mes longs cheveux blonds bouclés, je ne faisais pas mes dix-huit ans, d'autant que j'en rajoutais pour avoir l'air aussi insouciante et infantile que possible. Une gamine un peu bêtasse ne pouvait pas être un maillon d'un mouvement de résistance à l'occupant. Parler allemand, surtout, me permettait de tisser des liens privilégiés avec les soldats. Je peux même parler d'une certaine connivence. Dans mon esprit, cette connivence ne recélait aucune sympathie pour ceux qui étaient clairement nos ennemis. Ce ne fut jamais qu'une ruse destinée à conjurer toute méfiance de leur part.

Je dus pourtant accepter que cette attitude ne soit pas comprise de tout le monde.

Certes, les neuf-dixièmes des habitants de Bonnes me connaissaient parfaitement et n'imaginaient pas la moindre ambiguïté dans mon attitude, persuadés que toutes mes entreprises ne pouvaient avoir d'autre objectif que de les aider.

Je n'ai donc pas pu éviter que certains confondent faire preuve d'intelligence face à l'ennemi et être coupable d'intelligence avec l'ennemi. Si je parlais aux Allemands ; pire, si je me montrais aimable avec eux ou que je leur souriais, c'est que j'étais de leur côté. Bien sûr, je n'ai su tout cela qu'après la guerre. Certains ont même eu l'humilité, à la Libération, de me l'avouer et de m'en demander pardon. J'y reviendrai. Pendant les années d'occupation, je suis restée dans l'ignorance complète des on-dit. Et ce fut mieux ainsi. J'avais assez à me soucier de ce que pourraient découvrir les Allemands pour ne pas m'inquiéter de ce que devaient penser certains Français.

Le doute fut l'ennemi le plus perfide de cette période d'ombre. Le recul simplificateur des années conduit à distinguer ténèbres et lumière avec une assurance d'autant plus affichée que l'on s'éloigne des événements. Au cœur de l'action, la juste appréciation est l'attitude la plus difficile à avoir, l'erreur de jugement la faute la plus facile à commettre. Je l'ai constaté pour moi.

J'eus à défendre, dans les premières semaines de l'Occupation, mes amis Vergie. Leur château avait été investi par les Allemands. Ils ne l'avaient ni voulu ni demandé ! Pas plus que nous, ils n'avaient été en mesure de s'opposer à cette présence.

En tant que maire de Bonnes, Enguerrand de Vergie avait de surcroît le devoir de faire en sorte que les choses se passent au mieux, que la population soit la moins brimée possible.

Pour cela, il fallait bien parler, rechercher des arrangements. Faire bonne figure aussi. Son entreprise, Suze, employait quelque deux cent cinquante ouvriers. Son devoir d'état, là encore, était de préserver leur emploi.

Les Vergie étaient patriotes au plus profond de leur âme. Les apparences convenables qu'il a maintenues lui ont permis de rendre d'incalculables services, singulièrement aux plus démunis. Par humilité, ils n'en ont jamais parlé et j'ai toujours respecté leur discrétion.

Plus tard, dans les années soixante, cette boisson à base de gentiane fut supplantée et les difficultés financières sont apparues. La famille a dû se séparer de la marque, mais aussi revendre le château de Touffou, classé monument historique en 1923, qui fut repris, en 1968, je crois, par la veuve du publicitaire américain David Ogilvy.

Souvent, à midi, j'allais déjeuner à Touffou avec madame de Vergie. Comme elle ne parlait pas allemand, son régisseur, ou moi-même, lui servions d'interprètes. Le château débordait de soldats. Elle dressait donc la liste de tout ce qu'ils lui demandaient et ce qu'elle voulait leur dire sur les règles qu'elle entendait voir respecter chez elle. Et nous traduisions ou répercutions dans les deux sens les exigences des uns, les désirs des autres.

C'est ainsi que j'ai commencé à être utile. En jouant les interprètes et les intermédiaires. Dès les premiers jours suivant l'installation de la ligne de démarcation, le Vieux-Logis s'est transformé en bureau des plaintes ou de renseignement.

C'était une famille d'agriculteurs découragée par la réquisition de leur unique cheval ou privée de l'accès à l'un de ses champs, situé de l'autre côté de la ligne. C'était une autre ne comprenant tout simplement pas un traître mot d'une demande allemande formulée sur un ton menaçant. C'était une personne seule ne parvenant pas à se procurer ses tickets de rationnement.

J'allais plaider leur cause. Et c'est là qu'un mélange de connivence et d'effronterie s'est avéré utile. Car, le plus souvent, j'obtenais ce que je demandais.

- « À quoi ça rime, de leur prendre leurs animaux ? Ils en ont besoin, sinon ils ne pourront plus travailler », expliquai-je aux responsables de la zone. Leur grande crainte était qu'ils s'en servent pour passer en zone libre. « Vous n'avez qu'à les compter chaque jour pour vérifier s'il en manque. »

- « C'est une idée, je n'y avais pas pensé », me répondit l'un d'eux.

- « Regardez-les ! Ce ne sont pas des gens instruits. Ils ne font pas de politique. Ils se fichent de votre guerre. Ils veulent juste travailler en paix. Et vous-mêmes, qu'avez-vous à gagner que les champs ne soient plus cultivés ?

On voit bien que vous n'êtes pas des gens de la campagne. Que vous ne comprenez rien des rythmes de l'agriculture et de ses besoins », disais-je souvent. J'ai pu ainsi éviter bien des réquisitions. On m'en a été reconnaissant.

Pour obtenir des facilités, prévenir brimades et vexations, encore fallait-il entretenir un semblant de confiance avec les Allemands.

Avec ceux qui occupaient notre maison, ce n'était paradoxalement pas le plus difficile. Nos hôtes forcés étaient le plus souvent des officiers supérieurs, donc des hommes généralement d'un bon milieu social et d'une bonne éducation. Ça comptait. Ma grand-mère, en particulier, était soucieuse du respect des convenances et des bonnes manières. Sans qu'il y ait eu la moindre complicité, il n'est pas exagéré de dire que les relations étaient correctes, sinon cordiales. Il y avait au Vieux-Logis quelque chose de cette compréhension sociale qui rapproche Pierre Fresnay et Erich von Stroheim dans *La Grande Illusion*, le film si magnifique de Jean Renoir.

Mais ceux du poste de contrôle, au bout du pont, étaient surtout à amadouer. Il fallait évidemment m'arrêter pour montrer mes papiers d'identité et mon autorisation.

J'en profitais chaque fois pour engager la conversation. Le temps était long pour eux, dans leur petite guérite, et ils étaient heureux de pouvoir parler avec quelqu'un.

En allemand de surcroît, autrement dit avec la perspective d'une vraie conversation et pas d'un simple échange de quelques mots isolés. Je jouais la corde sensible en les interrogeant sur leur famille, ceux qui leur étaient chers, femme ou enfants, dont ils étaient éloignés. « Ce n'est pas trop dur ? Ils doivent vous manquer ! Vous pouvez leur écrire ? »

En les apitoyant sur eux-mêmes, je cherchais à les rendre compréhensifs sur notre situation à nous. Leur faire comprendre, voire leur faire dire, que cette situation de guerre était difficile pour tout le monde. Autrement dit, je voulais progressivement les inviter à l'indulgence. En endormant leur vigilance, d'une certaine manière, je cherchais en premier lieu à m'attirer la tranquillité et à éloigner de moi tout regard de méfiance.

C'est ce qui se passa. Et heureusement. Car, progressivement, mes allées et venues à Chauvigny ont changé de nature. Il s'agissait toujours de rapporter à Bonnes l'alimentation nécessaire, mais plus uniquement. « L'homme ne vit pas seulement de pain. » Il a besoin de quoi vivre. Il a aussi besoin de savoir pourquoi vivre. Il doit nourrir son corps. Il doit aussi défendre ses raisons d'exister et d'espérer.

Très vite, donc, on m'a donné du courrier à faire passer. Des lettres que des membres d'une famille installés en zone occupée voulaient adresser à des parents habitant en zone libre. Pour échanger des nouvelles, dans un premier temps. Puis pour organiser la possibilité de retrouvailles. Ces lettres-là étaient déjà plus compromettantes, si elles étaient tombées entre des mains allemandes. Quelques semaines plus tard, ce sont des membres de premiers réseaux, que l'on ne qualifiait pas encore de résistance, qui cherchaient à se transmettre des informations.

Des gens du village, sachant que j'avais des facilités à franchir la Vienne, venaient sonner à la porte du Vieux-Logis. Pas même en cachette, car dans la plupart des cas, il n'y avait rien de politique dans ces écrits que je devais faire parvenir.

Un beau jour, ce devait être à l'automne 1940, en novembre, autant que je m'en souvienne, trois hommes que je ne connaissais pas ont frappé chez nous.

- « C'est vous Maïti Girtanner ? »
- « Oui. Et vous, qui êtes-vous ? »
- « Nous travaillons à la préfecture de Poitiers. »

Je sursautai. Cette information signait qu'ils travaillaient pour les Allemands, ce que semblait me confirmer leur ton d'une arrogance qui me mit mal à l'aise. L'espace de quelques secondes, tous les scénarios défilèrent dans ma tête. Je n'avais pourtant rien fait de très compromettant, mais j'imaginais qu'on avait appris à la *Kommandantur* que je faisais passer des lettres et qu'on venait me demander des comptes.

Avec fermeté, ils m'écartèrent de la porte d'entrée et me coincèrent dans un coin du salon. Je faisais tous les efforts possibles pour ne rien laisser paraître de mon inquiétude. Celle-ci monta d'un cran lorsque l'un des trois, reprit la parole :

« Nous savons que vous passez régulièrement la ligne de démarcation. »

Je tentai de soutenir son regard.

- « Je suis suisse. Je suis donc libre ici, libre de circuler comme je l'entends. Mon passeport et les autorisations que j'ai obtenues en attestent. »

Manifestement, ces garanties ne les intéressaient pas.

- « Nous savons aussi que vous faites passer des lettres. »

C'est là qu'il fallait éviter le faux pas. Soit ils savaient, et je devais éviter de me trahir par mon trouble. Soit ils bluffaient, et je devais éviter de tomber dans leur piège.

- « Qu'est-ce qui vous permet de dire ça ? »

Ils avaient entre trente-cinq et quarante ans. Le plus âgé, visiblement respecté par les deux autres, me répondit :

« Certains de ces courriers nous sont destinés ou à des amis à nous, et nous savons que c'est vous qui servez de boîte aux lettres. » Un autre renchérit : « Nous sommes franco-français. »

Après tant d'efforts pour maîtriser mes propos et mon attitude, j'avoue que je ne pus retenir un sursaut de surprise. Ainsi, c'étaient des résistants. Ce que j'avais pris pour de l'arrogance était de la prudence. Avant de me parler, ils voulaient me tester, évaluer mes réactions.

D'un seul coup, ils se sont détendus. Et moi, je me suis sentie soulagée. Nous nous sommes assis au salon. Les Allemands n'étaient pas dans la maison et, sauf imprévu, ne devaient pas y revenir avant le dîner. Nous avons parlé longtemps. Très longtemps. Ils m'expliquèrent comment, de la préfecture, ils tentaient d'obtenir des informations qu'ils transmettaient à des amis que le hasard avait placés du bon côté de la ligne de démarcation.

- « Accepteriez-vous, vous et votre famille, de nous aider ? », me demandèrent-ils.

- « Ma famille n'a rien à voir là-dedans. Je n'ai que dix-huit ans, mais c'est à moi que vous parlez, et c'est moi seule qui m'engagerai. Si donc, je peux vous rendre service, j'accepte. »

En termes de service, il ne s'agissait pour l'heure que de transmettre des papiers, des documents ; il n'était pas encore question de faire passer des personnes.

- « Comment faites-vous avec les fouilles au poste de contrôle ? »

- « Je n'ai jamais été fouillée. »

- « Jamais ? »

Ils n'en croyaient pas leurs oreilles. Comment, à un poste de frontière aussi stratégique, pouvait-on laisser passer régulièrement quelqu'un, fût-ce une jeune fille d'allure aimable et naïve, sans l'interroger et la fouiller ? Je leur expliquai mon secret. Ma potion magique à base de deux ingrédients : ma jeunesse, gage d'innocence, et mon allemand courant, gage de confiance.

J'étais, je l'ai dit, l'une des rares personnes, sinon la seule, à comprendre ce que disaient les Allemands et à pouvoir me faire comprendre d'eux. À chaque passage de la barrière de l'autre côté du pont, je m'arrêtais et entrais dans la guérite pour discuter avec les soldats. Je posais délibérément ma bicyclette et ma remorque juste devant leur porte, pour bien montrer que je n'avais rien à cacher, que je n'avais peur de rien, pour qu'ils se disent que mes allées et venues n'avaient rien que de naturel. D'ailleurs, je faisais exprès d'aller à Chauvigny le plus souvent possible pour qu'ils ne puissent pas repérer d'éventuelles anomalies, resserrements ou espacements de mes passages.

Mes alibis étaient tout trouvés : le ravitaillement de Bonnes, principalement, mais aussi les cours que je devais prendre dans la perspective des épreuves de mon deuxième bachot que la déclaration de guerre m'avait empêchée de passer dans la foulée du premier, que j'avais obtenu en 1938. Je pouvais aussi invoquer mes cours de musique, même si je continuais principalement de les prendre avec mes professeurs parisiens.

Une fois ma bicyclette posée, j'entrais dans la guérite et j'engageais la conversation. Je leur posais plein de questions sur eux-mêmes, sur leur famille.

Je m'apitoyais un peu : « Cela doit être dur d'être éloignés de votre femme, ou de vos parents. Vous avez des nouvelles d'eux ? Vous pouvez leur écrire ? » Il faut reconnaître qu'ils étaient sensibles au fait que, pour une fois, un habitant du pays qu'ils occupaient ne les regardait pas avec un œil mauvais et même, s'intéressait à eux. Incontestablement, cela suscitait en eux une certaine sympathie à mon égard dont je mesurais le caractère aussi embarrassant qu'utile.

La population du village pouvait en effet être choquée de cette impression de connivence avec l'ennemi. Mais la plupart, heureusement, me connaissaient et savaient que je ne cherchais rien d'autre qu'à leur rendre service. Surtout, cette tâche éventuelle sur ma réputation n'était rien au regard des facilités que je pouvais ainsi obtenir.

Lorsque mes visiteurs résistants sont venus solliciter ma participation à leurs activités, cela ne faisait que quelques semaines que j'avais commencé mes trajets à vélo. Mais je pus leur assurer déjà que, grâce à ma méthode, je n'avais jamais été fouillée une seule fois. Et cela resta vrai tout au long de l'Occupation. Pour eux, ce fut une garantie suffisante. Ils me proposèrent alors de faire passer du courrier et des documents en zone libre. À compter de ce moment, je fis office de boîte aux lettres pour la Résistance. Sur la grille du Vieux-Logis, j'installai deux boîtes, l'une plus grande que l'autre. C'était un code, utilisé par la plupart des réseaux. Les courriers les plus sensibles étaient mis dans la grande, plus visible, donc moins suspecte aux yeux des Allemands. L'un d'eux m'a pourtant interrogée une fois. « C'est simple, me suis-je justifiée. Nous voulons nous tenir au courant, nous nous sommes donc abonnés à des journaux. Or, vous voyez bien qu'ils ne rentrent pas dans la petite boîte. C'est pourquoi j'ai rajouté la grande. » Mon explication a semblé le satisfaire.

Comme pour les passages au poste-frontière, le naturel était le meilleur gage de tranquillité. Je ne cherchais donc pas à me cacher quand je récupérais les lettres. Au contraire, je me réjouissais ostensiblement devant les soldats de recevoir autant de nouvelles. J'expliquais que nous avions de la famille un peu partout en France, ce qui n'était pas faux, et en Suisse, bien évidemment. « La guerre m'a séparée de beaucoup de mes amis. Il faut bien qu'on s'écrive », disais-je. Je revois le sourire indulgent de cet officier, me répondant : « C'est vrai, vous les jeunes, vous passez votre temps à vous écrire. Chez nous, c'est pareil, c'est de votre âge. » À l'intention de ceux qui étaient un peu plus curieux, j'inventais les récits que ces lettres étaient censées contenir.

Discrètement, en revanche, je retournais chaque enveloppe. Si l'une contenait des documents particulièrement sensibles, je savais que je devais trouver le mot « précieux » inscrit dans un coin du verso.

Pour faire passer les messages, les documents et même l'argent que j'étais chargée de transmettre, j'avais deux complices. Deux complices aussi muettes qu'utiles : ma bicyclette et ma remorque.

J'ai toujours fait du vélo. Pour sillonner la région, aller à Poitiers ou Châtellerault, j'ai été habituée, dès mon enfance, à avaler les kilomètres et à grimper les côtes. J'avais, je le reconnais, une bonne condition physique. Mais je n'avais jamais imaginé que je passerais autant de mois perchée sur ma selle de manière quasi ininterrompue et que, dépassant le cadre habituel de mon Poitou, mon guidon me conduirait jusqu'à Paris, Amiens, Nantes ou Biarritz. Qu'elle arpenterait autant de kilomètres de chemins de terre ou de routes bitumées, prendrait aussi souvent le train, monterait régulièrement à l'arrière d'un camion ou dans une remorque de tracteur. Ma bicyclette est, sans conteste, l'héroïne de toute cette aventure.

Est-ce par prémonition ? J'ai acheté celle-ci trois jours avant la déclaration de guerre. Si l'on savait qu'elle était inéluctable, personne, et moi moins que quiconque, n'en connaissait ni le jour ni l'heure. Aucun calcul, donc, dans cet achat. J'avais simplement mis un peu d'argent de côté au fil des années. C'était une bicyclette de femme, au cadre en biais, de couleur verte, une couleur que j'ai toujours aimée. Celle de l'espérance. En plus du vélo, j'avais acheté une paire de roues de rechange. En temps normal, cela n'était pas nécessaire. Ce surcroît de précaution me fut utile. Dès l'arrivée des Allemands, je les ai cachées dans le cellier pour prévenir toute réquisition.

Ma bicyclette aussi, il fallut la défendre. Ils en raflaient autant qu'ils pouvaient. Pour eux et, plus encore, pour éviter que les Français s'en servent, voire s'échappent.

« Vous devez la déclarer », me dit un jour un soldat.

- « Pour quoi faire ? vous voyez bien que je m'en sers tous les jours ! J'en ai besoin pour aller suivre mes cours. »

- « Et vous vous savez bien que vous êtes sur la ligne de démarcation. »

- « Et alors ? »

- « Alors vous pourriez vous en servir pour foutre le camp. C'est bien comme ça qu'on dit en français : foutre le camp ? »

Son impolitesse m'agaça.

- « Où avez-vous appris ce mot ? C'est de l'argot. »

- « Qu'est-ce que c'est l'argot ? »

- « Ce sont des mots qu'on ne dit pas quand on est bien élevé. »

Il n'insista pas. Personne, par la suite, ne m'inquiéta jamais à propos de mon vélo.

Il me fallut me montrer plus rusée avec ma remorque. C'est la guerre qui a fait sortir les remorques. Les magasins de proximité à cours d'approvisionnement, les tracteurs ou les cheveux réquisitionnés, l'essence rationnée. Tout cela donna leur utilité aux remorques. La nôtre traînait au fond du cellier. Un coup de chiffon pour la débarrasser de sa poussière, et la voilà greffée à mon vélo flambant neuf. Tant qu'il ne s'agissait que de rapporter beurre ou jambon de Chauvigny, cela ne posa aucun problème. Mais pour le courrier, les colis ? Bricoleuse, j'ai réalisé un double fond à l'aide de planches soigneusement sciées et fixées à dix centimètres du fond. J'avais choisi des vieilles planches pour éviter tout aspect neuf à mon bricolage. De l'extérieur, on ne pouvait pas se rendre compte à l'œil nu de la différence de hauteur.

Et c'est ainsi que quantité de lettres, de documents et de colis, ainsi que des sommes d'argent importantes ont traversé incognito la ligne de démarcation des mois et des mois durant.

Au poste de contrôle, ils jetaient toujours un œil rapide sur ma cargaison. Pas systématiquement, en raison de la sympathie que je m'étais attirée. Mais ce n'était pas une raison pour tenter le diable.

J'avais mis une ruse au point. Je savais que les Allemands étaient maniaques de la propreté. Dès qu'ils entraient dans une pièce, je les voyais renifler. La moindre odeur, la moindre négligence les insupportait.

Délibérément, je laissais donc traîner des affaires sales au fond de ma remorque : vêtements sales, papiers gras, nourriture commençant à être avariée. La vue de ce spectacle les dégoûtait. Ils ne cherchaient pas à voir plus loin, trop pressés de me voir m'éloigner d'eux.

Ceux qui, en fin de leur période de cinq semaines, commençaient à bien me connaître se permettaient de petites remarques : « Mademoiselle Maïti, ce n'est pas possible d'être aussi désordonnée que cela ! »

« Je sais, ma mère me le dit tout le temps », répondais-je avec un air navré. Un minimum d'esprit logique aurait dû les alerter. Était-il crédible qu'une fille de Suisse n'ait pas le sens de l'ordre et de la propreté dans le sang ? Mais la logique n'était pas toujours au rendez-vous durant l'occupation.

Heureusement. Combien de fois des explications hasardeuses auraient-elles dû se heurter au simple bon sens ! La naïveté des Allemands était bien plus grande qu'on ne pouvait l'imaginer.

Chapitre IV

« Dans 100 mètres, la liberté »

Était-ce juillet ou août ? Je ne m'en souviens plus aujourd'hui. Mais leurs visages, je ne les ai jamais oubliés. Ils étaient deux. Deux hommes d'une belle taille, la quarantaine environ.

C'était le matin et j'étais assise sur la terrasse, devant la maison, contemplant le cours paisible de la Vienne qui semblait ignorer qu'elle était devenue la frontière infranchissable entre deux France, l'une encore libre, l'autre déjà sous la férule des Allemands. Le soleil éclatant de ce matin se voulait aussi un défi aux ténèbres qui s'abattaient sur le pays. Sur mon pays.

Au bruit d'une petite camionnette, j'ai tourné la tête. Et j'ai vu ces deux hommes qui s'avançaient vers la grille du Vieux-Logis, à l'endroit même où, deux ou trois mois plus tôt j'avais vu arriver les premiers officiers allemands descendre de leurs camions. Eux aussi étaient officiers, ils me le dirent plus tard. Mais, avant même qu'ils n'ouvrent la bouche, j'ai tout de suite compris qu'ils étaient français. Leurs tenues usées (un pantalon militaire, une chemise mal boutonnée), leur air fatigué, exténué même.

« Nous voulons passer en zone interdite », m'ont-ils lancé tout de go. D'un geste et d'un regard qui ne supportait pas la discussion, je les ai empêchés de poursuivre. À cette heure de la matinée, les Allemands avaient déjà quitté notre maison, mais on ne savait jamais. La prudence s'est d'emblée imposée à moi comme une évidence. Ne jamais parler sans être sûre de ne pas être entendu. Ce fut la première règle de l'apprentie résistante que j'allais devenir sans même m'en douter. Je les fis donc entrer dans le salon. « La Vienne est-elle en zone interdite ou en zone occupée ? », a relancé le même, la voix fébrile. À nouveau, je l'invitai à se calmer et à me dire d'abord qui ils étaient et comment ils étaient arrivés ici. C'étaient bien des officiers français. Arrêtés dès les premiers combats, ils avaient été emmenés dans un camp de prisonniers à quelques kilomètres de Strasbourg, première étape avant d'être envoyés en Allemagne. Ce camp était comme une gare de triage des prisonniers. C'est de là qu'ils s'étaient échappés, rentrant à pied jusqu'à Paris où ils avaient rencontré des amis de notre famille à qui ils avaient confié leur désir de passer en zone libre. « La maison des Rougnon est sur la ligne de démarcation. Avec le caractère qu'elle a, il serait étonnant que la petite Maïti ne puisse rien faire. » Ce fut la réponse de ces amis. Quelques jours plus tard, ils sonnaient à ma grille.

«Y a-t-il une possibilité de passer ? », m'ont-ils alors demandé. Mais quand je leur ai expliqué qu'il y avait encore 1,8 km de zone défendue de l'autre côté de la Vienne, le second a baissé la tête en murmurant : « Alors, c'est foutu. »

Je n'ai jamais aimé qu'on s'avoue vaincu. C'est peut-être la figure de cet homme découragé qui a décidé de la suite. « Mais non, ce n'est pas foutu. Vous avez fait des centaines de kilomètres à pied. Vous n'avez pas le droit de baisser les bras au moment d'atteindre votre but. Je vais d'abord vous cacher et on va prendre le temps de réfléchir. »

D'instinct, je les ai conduits dans le cellier. Impensable en effet de les garder dans la maison où les Allemands risquaient de revenir à tout moment. Si les officiers ne revenaient en général que pour se coucher, l'ordonnance repassait souvent dans la journée. Dans le cellier, je les prévins : « Surtout ne bougez pas, ne sortez pas. Je viendrai vous apporter de quoi manger. »

En revenant sur la terrasse, j'avais le cœur qui battait. L'émotion, doublée des rayons du soleil de midi, me faisait suer à grosses gouttes. Que faire ? Dans quelle aventure m'embarquais-je ? Comment les faire passer sur l'autre rive, alors que des soldats surveillaient chaque mètre ? Suis-je de taille à prendre des risques, et surtout à en faire prendre aux autres ? Les questions se bousculaient dans ma tête. Tout cela s'était passé si vite, je n'avais bien évidemment jamais pris le temps de m'interroger sur l'attitude à avoir, au cas où. Mais maintenant, ils étaient là. Deux hommes qui voulaient défendre l'honneur de leur pays et dont la vie était désormais entre mes mains. Car il était clair que s'ils étaient repris par les Allemands, c'en serait fini d'eux.

Étrangement, c'est cette prise de conscience de ma responsabilité qui m'a apporté une assurance que j'ai conservée tout au long de la guerre. Je ne dirais pas de sérénité, car j'avais peur. Et la peur ne m'a jamais quittée. Mais une assurance qui vient de la certitude du devoir à accomplir, de la confiance en un autre, en Dieu, bien sûr.

Mes deux hommes seraient en zone interdite. J'en ai alors fait le serment en secret. Mais pas aujourd'hui. C'était trop risqué. Il ne fallait pas improviser. De la maison, impossible de les faire franchir. Le passage était trop en vue.

Avec ma bicyclette, j'ai donc emprunté le petit chemin qui longe la Vienne. Arrivée au tournant de la rivière, en direction de Chauvigny, mais sur la même rive, je me suis retournée. On ne voyait ni la maison, ni notre jardin, ni le village. Ce serait donc là qu'on tenterait. Et pas ailleurs.

Plus haut, on était sous le regard des sentinelles installées à Bonnes. Et huit cents mètres, plus loin, on retombait sur une nouvelle concentration d'Allemands. Durant toute la guerre, c'est là que j'ai effectué tous mes passages.

De retour à la maison, je suis tombée sur ma grand-mère. Je n'avais évidemment rien dit à personne.

Mais j'ai tout de suite senti qu'elle avait compris. « Viens dans ma chambre dans une heure, on parlera », me lança-t-elle. Déjà, j'avais pris les choses en main au Vieux-Logis, mais ma grand-mère était tout de même chez elle et je m'attendais donc à quelques remontrances. À l'heure dite, j'entrais dans sa chambre. « Ma petite fille, je suis chez moi ici, c'est moi qui commande. Tu ne peux pas prendre des initiatives graves sans m'en parler. De quoi s'agit-il exactement ? » Le ton était net, mais dans son regard, je lisais déjà comme un encouragement. Je lui dis tout : des services rendus dans le village au passage de ces deux officiers. À la fin de mon récit, je pressentais sa réponse, mais les quelques secondes de silence me parurent longues. Ma grand-mère me regardait fixement. Puis, tendant la tête en avant vers moi elle me dit : « C'est d'accord. On les cache. Occupe-toi des communs. Tu peux compter sur moi. »

Compter sur elle, cela signifiait être sûre à la fois de son appui et de sa totale discrétion. Et dès cet instant, je me suis débrouillée toute seule. Durant toute la guerre, nous n'avons plus jamais parlé de tout cela explicitement. Ce n'était pas nécessaire. Je savais qu'elle comprenait ce qui se passait ; elle savait que son soutien muet était mon secours le plus précieux. Tout au plus m'a-t-elle donné une fois ou l'autre un petit avertissement du genre :

« sois prudente » ou « attention, tu te mets dans une situation difficile ». Mais jamais elle ne m'a posé de question trop précise, ni encore moins découragée d'agir. Cette complicité tacite fut le fil rouge de mon action au service de la Résistance. À l'évidence, ni ma mère, ni ma tante ne se rendaient compte des allées et venues autour de la maison. C'était mieux ainsi. Pour la sécurité de ceux que je devais faire passer, la mienne, et la leur aussi.

Pendant que je revenais de mon repérage le long de la Vienne et de mon explication avec ma grand-mère, mes deux officiers attendaient toujours dans les communs. Ils étaient morts de peur. Il m'a suffi de voir comment ils ont sursauté quand j'ai ouvert la porte. Moi, j'avais retrouvé mon calme. « Rassurez-vous, je vais vous faire passer. Mais pas ce soir. Je viendrai vous chercher demain matin. D'ici là, vous ne bougez pas, vous ne sortez surtout pas de l'écurie. » Tous les chevaux avaient été réquisitionnés, mais il leur restait la paille, en guise de paillasse de fortune. Je leur ai apporté des couvertures, des coussins, et surtout du pain et de la nourriture.

Avant de me coucher, je suis revenue sur la terrasse. Je n'avais pas sommeil. Un mélange de peur et d'excitation m'empêchait de dormir. Pendant toute la nuit, j'ai fait et refait le trajet dans ma tête. Ma peur était d'ordre pratique (que faire si l'on croise des Allemands ?), pas d'ordre moral. Il n'était plus temps de me demander si ce que j'allais faire était bien ou mal. La certitude était désormais solidement inscrite dans ma tête, dans mon cœur et dans mon âme : je ne peux pas ne rien faire.

En regardant la Vienne se couler progressivement dans l'obscurité, j'entendais remonter en moi ces paroles que le Christ adresse à son Père juste avant sa Passion : « Ceux que tu m'as confiés, je veux qu'aucun ne soit perdu. »

À cet instant, je ne savais pas encore combien le Seigneur allait m'en confier. Mais non, il ne fallait qu'aucun, par ma faute, ne soit perdu.

Au petit matin, je suis allée les retrouver dans l'écurie. Eux non plus, visiblement, n'avaient guère dormi de la nuit. Je leur avais quand même préparé un café bien corsé. Double dose !

L'heure était venue des dernières instructions. « Maintenant, on va y aller. Je vais vous faire passer l'un après l'autre. Laissez-moi tous vos papiers, votre argent, vos médailles ou objets précieux. Vous les retrouverez demain chez une personne que je vous indiquerai. » C'est en recevant leurs papiers d'identité que j'ai appris qu'ils avaient respectivement quarante-trois et quarante-cinq ans. Voilà pour le concret.

Mais le plus dur n'était pas là. Il fallait surtout qu'ils tiennent le coup moralement jusqu'à ce qu'ils soient de l'autre côté de la ligne de démarcation. « Même si vous avez peur, efforcez-vous de ne pas le montrer. Si jamais on croise quelqu'un, il faut absolument que vous ayez l'air naturel. »

« Facile à dire », rétorqua l'un d'eux qui tenait sa tasse de café en tremblant. « Ayons alors l'air d'amis très proches. S'il le faut, n'hésitez pas à faire des gestes qui ne seraient pas nécessairement convenables en public, par exemple en me passant le bras autour de l'épaule. Et si l'on aperçoit des Allemands, je vous autorise même à faire semblant de m'embrasser. » À faire semblant, seulement. Je ne l'entendais pas autrement. Autant avouer qu'à dix-huit ans, je n'avais jamais embrassé un garçon de ma vie. Je n'avais aucune idée de la manière dont cela se faisait !

Au moment de partir, je leur ai demandé : « Êtes-vous chrétiens ? » Un peu surpris par ma question, ils se sont regardés et le plus âgé m'a répondu : « J'étais catholique. »

- « Eh bien, tâchez de le redevenir. Peut-être que vous, vous avez abandonné le Seigneur, mais Lui, ne vous a pas abandonné. C'est le moment de vous en souvenir. » Et à celui qui devait attendre, j'ai suggéré de prier avec force pour son copain que j'allais faire traverser. Il l'a fait.

J'ai toujours posé cette question. Ce n'était évidemment pas une condition que je mettais au service que j'allais leur rendre. Le propre de la charité, au sens fort du mot, la vertu théologale de la *Caritas*, est de se donner gratuitement. C'était pour eux que je posais cette question. Pour qu'ils puisent en eux une énergie qu'ils ne soupçonnaient pas eux-mêmes. Pour qu'ils découvrent ou redécouvrent que dans ce moment crucial de leur vie, ils n'étaient pas seuls. Pour qu'ils sachent qu'au moment où leur pas hésiterait, Quelqu'un les précéderait, leur ouvrant la voie avec assurance.

J'en ai peu revu après la guerre et bien entendu je ne peux ni savoir, ni juger le chemin fait par le Seigneur dans leur cœur. Mais quelques-uns sont passés me voir à Bonnes, cinq ans, dix ans plus tard. Et plusieurs m'ont confié avoir reçu, au travers de ma simple question, un choc spirituel.

Le moment du départ approchait. Comme je leur avais demandé, ils m'ont remis leur argent. Ils avaient de l'argent sur eux et m'ont proposé de m'en donner, en paiement du franchissement de la ligne. J'ai refusé net. Je n'ai jamais accepté le moindre centime pour la moindre activité de résistance. La gratuité financière était le corollaire de la gratuité morale du service rendu. Je n'ai jamais eu l'amorce d'une hésitation, une once de tentation sur ce point. Après la guerre, j'ai appris que certains avaient monnayé leurs services. C'est navrant. Mais je ne veux pas juger. Après tout, j'étais à l'abri des soucis matériels. D'autres, ayant de vraies difficultés à joindre les deux bouts, ont peut-être été contraints à des petits aménagements hasardeux avec leur conscience sans que l'on puisse pour autant contester leur patriotisme sincère.

Nous avons quitté la maison à 9 h 30. Je me souviens de l'heure car les rondes des Allemands étaient programmées comme du papier à musique.

8 heures, midi, 16 heures, 19 heures et 21 heures. Pas 8 heures moins cinq ou 8 heures cinq, 8 heures pile. Il fallait donc passer entre deux. Il faisait beau, ce qui n'a rien de surprenant car nous étions en été. Nous marchions sur le chemin qui longe la Vienne et que j'avais repéré la veille au soir. Tout se passait bien quand soudain, un peu plus loin, nous avons aperçu des Allemands. Ce n'était pas la patrouille programmée, mais c'étaient tout de même des soldats du village. Je l'ai entraîné dans le champ de topinambours qui longeait le champ. Nous nous sommes écartés de trois à quatre mètres du chemin et nous sommes allongés entre les topinambours, hauts d'environ un mètre cinquante.

Les Allemands sont finalement passés plus loin, mais inutile de dire que nous avions le cœur qui battait fort. L'attente ne fut que de vingt minutes, mais vingt minutes à rester sans bouger, à se demander si l'on ne va pas être repérés, rattrapés ou capturés, c'est long. Très long !

L'alerte passée, nous avons repris notre marche, les jambes plus flageolantes qu'au départ. Et nous voici enfin arrivés à ce coude de la Vienne, là où nous ne sommes plus visibles depuis Bonnes, mais là où le fleuve fait quelque cent mètres de large. C'est à cet endroit que nous avons traversé à la nage, tout habillés. J'étais une bonne nageuse, et c'était nécessaire, car dans cette partie du fleuve, le courant est particulièrement fort. Je me baignais régulièrement dans la Vienne. Mais cette fois-là, j'avais le souffle plus court, l'effort était plus difficile. La peur, évidemment.

De l'autre côté de la rive, je lui ai indiqué la marche à suivre. « Partez à droite. Car, à gauche, vous retomberez sur des Allemands. Courez, courez le plus vite possible jusqu'à l'arbre que vous voyez là-bas, à cent mètres. Là, vous serez en zone libre. » C'était l'arbre de la liberté, en quelque sorte. Je l'ai regardé courir. Tout s'est bien passé pour lui.

Avant de le laisser filer, je lui avais demandé de se rendre chez un photographe de Chauvigny. Un infirme, à qui je donnais des cours de piano. Sa maison avait le gros avantage d'être située juste à l'entrée du village.

Dans sa tenue peu soignée, il n'aurait pas ainsi à traverser le centre du bourg sous le regard immanquablement éberlué des habitants. Inutile de dire que je n'avais pas eu le temps de prévenir le photographe. Son état d'esprit, que je connaissais, ne laissait planer aucun doute quand à sa disposition à venir en aide à cet officier français qui voulait reprendre le combat. Ce fut effectivement le cas. Il l'a accueilli sans poser de question et l'a caché dans une chambre jusqu'à ce que je lui rapporte, le lendemain, vêtements et affaires.

Mon premier homme était passé. Il me fallait désormais retraverser la Vienne et revenir à Bonnes, pour rechercher son compagnon. J'étais évidemment trempée. Mes habits ruisselaient. Je suis restée quelques minutes au soleil pour sécher, ou du moins commencer de le faire. Qu'expliquer aux Allemands s'ils m'avaient surprise ainsi ? Je comptais leur expliquer qu'il faisait si chaud que j'avais voulu me rafraîchir tout entière.

Le chemin du retour s'est passé sans encombre, mais j'étais passablement secouée. Par la brutale prise de conscience que je venais de prendre un risque inconsidéré.

Par la perspective plus effrayante encore d'avoir à recommencer dans la foulée. La fatigue s'unissait à la lucidité pour me donner un vertige qui ne m'a pas quittée de tout le trajet de retour. Arrivée dans le champ de topinambours, je me suis mise à courir jusqu'à la maison, où mon premier réflexe fut de me changer.

Me voyant prendre un café dans la cuisine, ma grand-mère m'a réprimandée : « A ton âge, on ne boit pas de café dans la journée. »

Puis sur un ton plus doux, mesurant ma fébrilité : « C'est l'homme ? »

- « Oui, grand-mère. Mais il y en a un deuxième. »

Elle a levé les yeux au ciel, puis est retournée s'asseoir dans son fauteuil du salon. Là je l'entendais prier. Dans mon cœur, je me suis jointe à sa prière et retournai dans l'écurie chercher le deuxième.

L'épreuve fut identique : les mêmes paroles de réconfort et d'encouragement, les mêmes consignes pratiques, la même invitation à se remettre entre les mains du Seigneur, le même trajet, la même peur de rencontrer des Allemands, la même angoisse de ne pas arriver au bout, la même fatigue à nager à contre-courant de la Vienne.

Je croyais que cette deuxième fois serait la dernière. Je n'imaginais pas qu'elle serait au contraire le début d'une longue série. Sinon, aurais-je accepté de leur prêter mon concours ? Peut-être pas. Sans doute fallait-il une part d'inconscience pour se jeter à l'eau. Y compris au sens propre du terme. J'ai toujours eu un tempérament volontaire, une propension naturelle à prendre les choses en main, à vouloir être utile aux autres.

Il y eut un soir, celui de l'arrivée de ces deux hommes au Vieux-Logis, il y eut un matin, celui de leur franchissement de la ligne de démarcation ; ce fut le premier jour. Premier jour d'une vie nouvelle. Genèse d'une aventure qui ne m'appartenait plus.

Le lendemain, comme convenu, j'ai été, avec ma remorque et ma bicyclette, leur apporter leurs affaires chez mon ami photographe, à l'entrée de Chauvigny. Je ne les ai pas croisés ce jour-là, mais ma joie fut immense de trouver quelques jours plus tard dans ma boîte aux lettres une carte postale signée d'eux deux, postée d'une ville du sud de la France. Sous l'apparente banalité des mots, moyen délibéré d'éviter les soupçons d'un lecteur indiscret, j'ai compris que tout allait bien pour eux.

À la fin de la guerre, ils m'ont écrit, une longue lettre cette fois, que je n'ai hélas pas conservée, à la lecture de laquelle j'ai vécu par correspondance leur départ pour l'Afrique du Nord, quelques jours après leur passage de la ligne, leur arrivée en Angleterre où les soldats dépenaillés que j'avais accueillis à Bonnes étaient devenus de fiers officiers des Forces françaises libres.

Les passages se sont aussitôt enchaînés. Je ne les ai jamais comptés. En cherchant aujourd'hui à les évaluer, j'arrive à une centaine environ.

Au plus fort de l'occupation, en 1941 et 1942, lorsque j'étais à Bonnes et lorsque le temps le permettait, j'effectuais quatre à cinq passages par semaine. Je ne « travaillais » pas en hiver, la Vienne était trop froide pour qu'on se risque à la franchir.

Durant l'hiver 42, elle fut même gelée plusieurs semaines. Il aurait presque été possible de la traverser à pied, mais c'eut été trop glissant et, surtout, ignorant totalement l'épaisseur de la glace, je ne voulais pas courir le risque qu'elle ne se brise sous nos pas en plein milieu, provoquant une chute qui nous eût été fatale.

J'évitais également la nuit qui, pourtant, à bien des égards, nous aurait garanti une meilleure protection. Mais, par définition, mes « clients » ignoraient la région. Une fois de l'autre côté de la Vienne, je ne pouvais plus les guider, les exposant au danger, s'ils s'étaient perdus, de retomber sur un poste allemand de la ligne de démarcation.

Ces marches clandestines vers la liberté ont duré près de trois ans, de l'été 40 au printemps 43 où, suite à l'invasion de la zone libre par les Allemands, le 11 novembre 1942, la ligne de démarcation devint caduque, avant d'être carrément supprimée. Les candidats au passage venaient par le bouche à oreille. On savait qu'une petite jeune fille de dix-huit ans connaissait un bon endroit pour passer en zone libre. Ils venaient directement sonner à la grille du Vieux-Logis, sans autre forme de précaution, ne se doutant pas de la présence des Allemands dans la maison. La rotation régulière des occupants me permettait de ressortir plusieurs fois le même alibi lorsqu'ils s'interrogeaient sur l'identité de ces visiteurs. C'est fou ce que j'ai eu comme cousins, germains ou issus de germains, comme élèves désireux d'apprendre le piano !

C'étaient majoritairement des hommes, le plus souvent entre trente et quarante-cinq ans. Les candidats isolés au passage étaient très rares. Les familles entières aussi.

Il fallait faire preuve de psychologie. Ne serait-ce que pour les remettre de leur surprise. Ils se préparaient à ce passage avec déjà beaucoup d'appréhension. Ils espéraient donc trouver sur place un encadrement solide, des conditions qui les rassurent pleinement. Et là, qui voyaient-ils ? Une petite jeune fille de dix-huit ans aux longs cheveux blonds bouclés.

Plus d'une fois j'ai lu dans leur regard qu'ils ne trouvaient pas ça du tout sérieux. Certains me posaient carrément la question : « C'est gentil à vous de nous accueillir, mais qui va nous faire passer ? » Quand je leur disais que c'était moi...

Beaucoup arrivaient totalement épuisés après des jours passés à marcher ou à se cacher. L'un des cas les plus fréquents était ces soldats français emprisonnés après la capitulation, dans un camp de prisonniers situé à proximité de Tours. Ce camp servait en fait de zone de transit avant l'envoi des prisonniers en Allemagne. C'est pour éviter cet éloignement que beaucoup tentèrent de s'échapper et de passer en zone libre. Assez naturellement, un grand nombre arrivait dans un périmètre proche de notre maison.

Après des jours d'effort, il n'était pas rare que leur détermination bute sur la dernière étape à franchir. Leur faire la morale n'était alors d'aucune utilité. Je m'efforçais au contraire de les mettre en valeur, de leur faire prendre conscience de leurs qualités et de l'exploit qu'ils avaient déjà accompli. Ce sursaut d'orgueil les faisait franchir la Vienne.

Il fallait de temps en temps les secouer. Lorsqu'ils semblaient caler une fois arrivés sur les bords de la Vienne, au lieu du franchissement. « Dans vingt minutes, vous avez la vie sauve. Vous n'allez pas tout gâcher maintenant ! Si vous ne le faites pas pour vous, faites le pour moi, car moi aussi je mets ma vie en danger en vous amenant ici. »

J'avais aussi une ruse. « Est-ce que vous prenez des médicaments ? », leur demandai-je. Dans l'affirmative, je m'arrangeais pour leur faire prendre de l'aspirine, dissoute dans un verre d'eau. L'aspirine a un effet apaisant. Lorsque, au bout du rouleau, quelqu'un allait jusqu'à dire : « Je n'en peux plus, je préfère encore être pris par les Allemands », je leur disais « prenez un verre d'eau sucré » et j'y glissais en douce le cachet. Le résultat était à la hauteur de ce que j'espérais, si bien que je peux compter les échecs sur les doigts d'une main.

Un Anglais, un jour, m'a vraiment fait peur. Il avait été parachuté pour entrer en contact avec des réseaux de la zone libre. Mais les vents soufflant de l'Atlantique – Bonnes est à 150 km de la mer – l'avaient déporté et fait atterrir en zone occupée.

Il était totalement déboussolé, s'était blessé en arrivant au sol, et ne parlait pas un mot de français. Un vrai petit oiseau tombé du nid. Il était dans un très mauvais état moral. À plusieurs reprises, nous avons dû rebrousser chemin. Autant de retours en arrière, autant de risques de croiser des Allemands. Il est resté trois jours caché dans l'écurie du Vieux-Logis. À chaque fois, j'avais peur qu'il s'effondre sur la route ou qu'il s'enfuie sans savoir où. Finalement, lui aussi est passé.

La quasi-totalité savait nager. Pour ceux qui ne savaient pas nager, qui étaient blessés ou qui étaient vraiment trop effrayés à l'idée de traverser à la nage, je sortais ma barque. Une personne allongée sur le ventre y tenait juste. Elle était attachée à un peuplier au pied de la maison. Peinte en blanc, comme toutes les barques de la région, elle était très visible et donc facilement repérable. Je n'ai pas voulu la repeindre en vert ou en marron pour ne pas attirer les soupçons. Sa blancheur était la meilleure preuve de son innocence.

Faire les choses avec l'apparence du naturel. Ce fut ma stratégie constante. Je l'ai dit à propos de ma bicyclette. C'était vrai aussi pour la barque. Il m'a donc fallu trouver un alibi pour justifier d'éventuelles sorties sur la Vienne. Une fois de plus, je me suis donc rendu à la *Kommandantur*, la petite, celle de Saint-Julien-l'Ars. C'était au moment où toute ma famille maternelle s'était repliée au Vieux-Logis. J'étais l'aînée de dix cousins.

« Nous sommes dix-huit en permanence dans la maison, ai-je expliqué à l'officier. Comme vous le savez, je fais des études, je dois passer mon bac. Comment voulez-vous que je travaille avec tous ces enfants qui me crient en permanence dans les oreilles. Soyez gentil, donnez-moi l'autorisation d'aller réviser mes cours sur la barque. N'ayez aucune crainte, je n'irai pas de l'autre côté, puisque j'ai un laisser-passer pour aller à Chauvigny avec ma bicyclette. »

Tout cela en allemand, ce qui a bien disposé à mon endroit ce soldat que je n'avais pas encore croisé et qui m'accorda une autorisation d'un mois.

- « Un mois, vous voulez rire ? »

- « D'accord, trois mois », a-t-il concédé, pressé de passer à autre chose. Mais je ne comptais pas m'en tenir là. Je repartis donc à la charge.

- « Ce n'est pas sérieux. Si je dois revenir tous les trois mois, ce sera ennuyeux pour moi, mais surtout pour vous. J'imagine que vous avez bien d'autres soucis à régler. À quoi ça vous servira que je revienne vous casser les pieds tous les trois mois. »

Je sentis que l'argument portait car, à l'évidence, je l'excédais. D'un geste agacé, il a noirci un imprimé qu'il m'a tendu. Je n'en croyais pas mes yeux l'autorisation de naviguer sur la Vienne avait une validité permanente. Je n'avais pas même osé l'espérer.

Pour effectuer des franchissements de la ligne de démarcation, j'ai donc usé de ma barque. Mais pas abusé. D'abord parce que, malgré tout, le risque d'être repéré était plus grand qu'à pied. Et surtout parce qu'en direction du coude de la Vienne, il fallait ramer à contre-courant. Sur près de deux kilomètres. C'était épuisant.

Je revois cependant ce couple, dont l'un des deux était juif – la femme, autant qu'il m'en souvienne – accompagné d'un enfant de sept ou huit ans. Il savait à peine nager. Il fallait donc commencer par le rassurer. J'avais opportunément appris à nager à mes petits cousins. Je m'y prenais toujours pour que plonger dans l'eau soit un jeu pour eux. J'ai sauté la première et j'ai appelé ce petit garçon à venir me joindre. Il hésitait. Mais ce dont il avait peur surtout était de laisser ces parents sur la rive, car j'avais décidé de le faire traverser en premier. Ses parents l'ont rassuré et il m'a suivi. De l'autre côté, je l'ai aidé à grimper le talus, un peu escarpé à cet endroit et l'ai assis au pied d'un arbre. « Ne bouge pas, je vais chercher ta maman d'abord, puis ton papa et quand vous serez réunis, vous vous donnerez la main pour marcher jusqu'à la ferme que tu vois là-bas. » Cette ferme marquait la fin du no man's land et le début de la zone libre. Les deux parents, étaient presque plus apeurés que leur fils. Il a fallu redoubler de paroles réconfortantes. Et pressantes, aussi. « Vous n'avez pas le droit de faire attendre votre fils plus longtemps. Pensez à lui », ai-je dû lancer à la mère qui réclamait des minutes de répit pour reprendre son souffle et ses esprits. L'opération achevée, je les ai regardés s'éloigner, main dans la main, comme je l'avais conseillé au petit garçon. Cette fois, c'était mon cœur qui était près de se briser. D'émotion et de soulagement à la fois. Un trop plein de tension nerveuse frappait mes tempes. Les larmes me montèrent aux yeux et mes jambes flageolèrent.

Mais une voix intérieure est venue me réveiller. Puisque j'avais accepté cette aventure, je n'avais pas le droit de me laisser déborder par l'affectivité. Comment exiger du courage de ces malheureux, que je trouvais le plus souvent aux limites de l'épuisement, si je ne prenais pas d'abord sur moi ?

J'ai dû faire traverser huit ou neuf familles entières. Chaque fois, l'émotion était plus forte. Prendre en charge de frêles gamins, subissant une épreuve imposée à leurs aînés, ou épauler de solides gaillards, qui cherchaient à devenir acteurs de cette histoire, ce n'est évidemment pas la même chose.

Photo de famille :
Maïti et son frère Francis.

Maïti et son grand-père,
Paul Rougnon, professeur
au Conservatoire de musique de Paris.

Le Vieux-Logis, maison du XVIIe siècle, bâtie au bord de la Vienne.

Maïti petite fille, sérieuse
mais déjà déterminée.

Maïti au piano,
avec son grand-père.

Le pont qui coupait le village de Bonnes en deux pendant la Seconde Guerre mondiale.

Au fond, la Vienne fait un coude. Le meilleur endroit pour franchir la ligne de démarcation.

Maïti, en 1942, quelques mois avant son arrestation.

Maïti au Vieux-Logis après la guerre.

Maïti après-guerre en compagnie d'un soldat qu'elle aida.

Mais la leçon de cette première famille a porté jusqu'à la fin de la guerre. Au moins pour eux, j'ai tâché de remiser tout débordement de sensibilité.

De la solidité, de la résistance, c'est le cas de le dire, de la dureté, presque, étaient nécessaires pour pallier la peur des candidats au passage. Car la peur était toujours là. Ce n'est pas une question d'âge, de sexe ou de robustesse physique.

À cette heure décisive, plus personne ne pouvait tricher, mentir aux autres ou se mentir à soi-même. L'être humain se fait pauvre et nu. Mais c'est alors aussi qu'il se montre vrai et grand. Sur la ligne de démarcation, chacun se retrouvait à égalité.

Chapitre V

« Hitler passera, Beethoven demeurera »

Avec la guerre, nous avons pris nos quartiers à Bonnes. Mais il me fallait d'abord finir mes études. J'avais passé mon premier bac avant notre départ, mais il me restait le second, sans parler de mes cours de piano. Pour être franche, si continuer la musique était pour moi essentiel, je dirais même vital, la poursuite de mes études scolaires m'importait peu. L'entrée en Résistance m'avait fixé un nouvel impératif. Mon devoir était là. Je ne m'en voyais pas d'autre tant que cette mission n'était pas achevée. Sous quelle forme ? Je ne le savais. Je n'avais pas la moindre idée quant à la durée de l'occupation, quant aux formes que prendrait le combat pour la France libre ou quant à la place qu'il me faudrait tenir. Il était juste inscrit dans ma tête qu'il me fallait aller au bout de ce que les circonstances avaient décidé pour moi et dans lesquelles je lisais clairement un appel de la Providence. Alors, les études...

Mais j'ai vite compris qu'une vie d'élève ou d'étudiante me fournissait une couverture idéale pour d'autres activités. Que j'avais là un excellent alibi pour faire des allées et venues régulières entre Paris et Bonnes.

Dans les premières années, j'habitais dans Hôtel particulier de la famille de Vergie, nos amis et voisins du Poitou qui possédaient le château de Touffou. Notre appartement de Saint-Germain-en-Laye avait été prêté à des amis de mes grands-parents et, de surcroît, il eût été moins commode pour moi. À Paris, les Vergie habitaient au 45 avenue d'Iéna. Ils me prêtaient une chambre au deuxième étage. L'un de mes deux oncles habitait ce même immeuble. Par la suite, début 1943, autant qu'il m'en souvienne, j'ai déménagé. Mes activités de résistance sur Paris devenaient trop régulières et la proximité de la place de l'Étoile, dans le rayon de laquelle se trouvaient nombre de centres névralgiques des Allemands, devenait trop dangereuse. J'ai donc quitté l'avenue d'Iéna pour m'installer villa Molitor, plus au sud dans le XVIe arrondissement, chez le comte et la comtesse Jean de Beaumont. J'y reviendrai. Ma présence à Paris, même si elle n'était pas constante, était donc légitime, et en tout cas explicable.

Mes trajets entre la Vienne et Paris étaient très fréquents. Ce fut variable selon les saisons, mais il y avait rarement plus de quinze jours entre deux voyages.

Je remontais souvent en train. Les habitués du

TGV d'aujourd'hui souriront en apprenant qu'il fallait à l'époque entre six et sept heures pour relier Poitiers ou Châtellerault à Paris. Les deux derniers wagons n'étaient pas aménagés avec des sièges. Il était permis d'y monter avec sa bicyclette, par exemple, ce que beaucoup de gens faisaient, à commencer par moi, évidemment, car j'avais besoin de mon vélo, pour parcourir les vingt kilomètres séparant Bonnes de Poitiers, et surtout pour circuler dans Paris.

En d'autres occasions, je profitais du camion de la famille de Vergie qui sillonnait la France pour approvisionner les commerces en bouteilles de Suze. Cela me permettait d'une part de ravitailler ma famille restée à Paris en bons produits venus de la campagne, ce qui desserrait avec bonheur pour eux les contraintes du rationnement et d'autre part de transporter, dans un sens ou dans l'autre, toute sorte de colis ou de papiers utiles à la Résistance.

Ce n'était pas sans risque car les contrôles routiers étaient fréquents et les Allemands toujours très méfiants. Heureusement, ceux-ci étaient particulièrement amateurs de Suze. À chaque contrôle, on s'en tirait en satisfaisant leur penchant.

À chaque fois, ils prenaient un casier. On le savait. Du coup, on faisait en sorte de mettre en évidence certains casiers, marqués au départ d'un trait rouge, plus petits que les autres. Ils contenaient six bouteilles au lieu de huit normalement. Sachant malgré tout qu'ils n'avaient pas le droit de se servir – ils auraient pu être sanctionnés par leurs supérieurs si ce petit jeu avait été découvert –, ils ne s'attardaient pas et laissaient repartir le camion sans prendre le temps de le fouiller. Ça a marché durant toute la guerre ! Il n'empêche. À chaque contrôle nous n'en menions pas large…

À Paris, comme à Bonnes, mon premier souci était d'aider des personnes à passer en zone libre. Dans certains cas, il s'agissait simplement d'obtenir des *Ausweiss*, de manière tout à fait légale. C'est là que mon allemand m'était d'une grande utilité car c'était plus facile de les convaincre.

J'allais essentiellement avenue Marceau, dans des bureaux administratifs installés dans de beaux appartements qu'ils avaient réquisitionnés. Je trouvais toute sorte d'arguments, sur la nécessité, notamment pour les plus jeunes, de pouvoir retrouver leur famille ou d'aller passer leur bachot ou tout autre examen. « Vous avez peut-être des enfants, vous aussi. Comment réagiriez-vous s'ils rataient une année scolaire au simple prétexte qu'ils n'ont pas pu aller passer une épreuve ? »

J'étais très persuasive car ça marchait toujours. Entrer dans cet immeuble me mettait toujours mal à l'aise. Plus je montais dans les étages, plus j'avais peur, comme si je redoutais de ne pas pouvoir m'échapper en cas de besoin.

Pourtant, ces démarches-là étaient les plus

simples. D'autres contacts étaient autrement hasardeux car interdits. Je servais de boîte aux lettres pour faire passer de faux papiers d'identité

Mon rôle était aussi d'aider les candidats au franchissement de la ligne de démarcation. Si un grand nombre d'entre eux frappaient directement à la porte du Vieux-Logis ou m'étaient envoyés par des proches, d'autres cherchaient à entrer en relation avec moi à Paris, où mon nom circulait dans certains milieux de la Résistance, même si on ne l'appelait pas encore de ce nom.

La première étape consistait à leur obtenir un billet de train. Il fallait d'abord justifier le déplacement pour obtenir un ticket d'admission. Cela prenait deux heures. J'expliquais qu'il me fallait voyager avec mon frère ou un cousin.

Une autre queue de deux heures commençait ensuite pour obtenir le billet proprement dit. Mais une fois dans le train, l'affaire n'était pas réglée pour autant, en raison de la fréquence des contrôles. Le contrôleur français était toujours flanqué de deux Allemands qui prenaient en fait les choses en main. Un jour, un stratagème s'est révélé très utile. J'avais avec moi une grande écharpe rouge et beige, très visible, dont j'entourais la tête d'un jeune Anglais qui voulait passer en zone libre. Je lui avais donné pour consigne d'éternuer bruyamment dès que les contrôleurs entraient dans le compartiment. Je disais alors d'une voix forte. « Eh bien mon pauvre vieux, tu n'en sortiras donc jamais de ton rhume ! » Et j'ajoutais, sur un ton le plus agacé possible : « C'est infernal, ça fait trois jours qu'il n'arrête pas de tousser ! » Or, il n'y a rien qui effraie plus les Allemands que les microbes. Tout ce qui est sale, malsain, malade les repousse au plus haut point. Si bien que, dans ces cas-là, ils jetaient un coup d'œil plus que rapide à mon passeport suisse que je leur tendais bien ostensiblement, pour qu'ils n'aient pas l'idée d'interroger mon voisin en premier, et s'empressaient de se rendre dans le compartiment d'à côté.

Je mettais à profit ce long trajet en train pour les tester. Mieux les connaître, afin de m'assurer de n'être pas tombée dans un piège. Vérifier surtout leur capacité de résistance. Je voulais savoir si chez eux, la peur psychologique pouvait se traduire par une faiblesse physique. Quand j'étais accompagnée de la sorte, je descendais à Châtellerault plutôt qu'à Poitiers, car la ville était plus petite, donc moins surveillée.

En novembre 1942, la ligne de démarcation fut supprimée. La France était en quelque sorte réunifiée. Mais pas dans le sens où nous le souhaitions. Jusqu'alors, le scandale de la division était aussi une invitation à tenir bon. Non, toute la terre de notre pays n'était pas n'était pas propriété allemande. Sous la férule du régime de Vichy, la zone libre n'avait de libre que le nom, mais au moins les possibilités de circuler, de se regrouper, de s'organiser étaient plus grandes. Chaque franchissement de la Vienne que je facilitais était une victoire de la liberté. Chaque traversée offrait un horizon nouveau. L'espoir de retrouver sa famille, de rejoindre un réseau de Résistance, de préparer un périple pour Londres. J'étais à Bonnes lorsque la nouvelle de l'occupation de la zone sud par les forces d'occupation fut annoncée à la radio. Le soulagement de voir rétablie une certaine latitude de circulation sur tout le territoire se mêlait à l'abattement de voir reculer à nouveau la frontière de la liberté. Après tant de mois d'efforts, une nouvelle vague nous submergeait.

La ligne de démarcation ne fut supprimée officiellement que quelques semaines plus tard, en février 1943. Mécaniquement, les candidats au départ s'espacèrent puis disparurent. Mission accomplie, aurais-je pu me dire ? La situation stratégique du Vieux-Logis m'avait créé une obligation morale. En même temps que la Ligne disparaissait, l'obligation cessait.

Je ne me suis pas même posé la question. Toute interruption des activités de Résistance aurait été une désertion. Je le ressentais au plus profond de ma conscience. Je ne sais pas si j'avais fait jusqu'à présent tout ce qui était en mon pouvoir. Ce qui était sûr, c'est que la France et ses habitants étaient loin d'être libérés. La poursuite du combat s'imposait. Ailleurs, et sous d'autres formes. À Bonnes, il y avait sans doute moins à faire. Mais à Paris !

Ce tournant dans la guerre coïncida avec mon déménagement et mon installation chez la famille de Beaumont, villa Molitor. Le comte Jean de Beaumont était déjà une personnalité en vue. Alors âgé de quarante ans à peine, il s'était fait un nom dans la politique, comme député de la Cochinchine. Comme la quasi-totalité des députés (cinq cent soixante-neuf contre quatre-vingts seulement), il avait voté les pleins pouvoirs au maréchal Pétain, le 10 juillet 1940, mais je peux témoigner qu'il ne fut jamais du côté des Allemands.

Au contraire, en toute discrétion, il se montra d'une grande générosité et d'un grand soutien pour les actions que je tentais d'entreprendre. Après la guerre, il mena une belle carrière dans la banque et joua un grand rôle dans le milieu sportif. Comme président du comité olympique français, il fut l'un des artisans majeurs des Jeux olympiques de Grenoble, en 1968. Cet homme, plein de charme, disposait d'un incroyable réseau d'amis et de relations. Il présida d'ailleurs le cercle Interallié. Après la guerre, je l'ai perdu de vue, mais sa mort, il y a quelques années, m'a sincèrement touchée. Il était presque centenaire.

Dans ces années de guerre, c'est par le couvent des Oiseaux que j'entrai en relation avec eux. J'y avais effectué une partie de ma scolarité et y étais retournée pendant la guerre, avec plus ou moins d'assiduité, comme on l'imagine, pour préparer mon deuxième bachot. Le comte et la comtesse de Beaumont avaient un fils, Marc, et deux filles,

Jacqueline et Monique, pour lesquelles ils cherchaient une préceptrice. Madame de Beaumont étant elle-même passée par le couvent des Oiseaux, elle se tourna vers son ancienne école, avec l'assurance d'y trouver une jeune fille bénéficiant d'une bonne éducation. Nos deux familles se connaissant par ailleurs, je fus prise.

Une chambre avait été mise à ma disposition dans cette maison cossue de deux étages de la villa Molitor, l'un de ces havres verts de la capitale, clos par de grandes grilles en fer forgé et traversé par des allées privées, où l'on se croirait presque à la campagne en plein Paris.

Sans en connaître le détail, les Beaumont étaient avertis de mes activités de Résistance. Aussi leur hospitalité m'offrait-elle davantage une couverture qu'elle ne répondait à un besoin réel de leur part. Ils ne me posèrent jamais de questions, mais gardèrent un œil bienveillant et vigilant sur moi.

En toute discrétion, leur générosité fut précieuse pour le petit groupe d'amis qui tentait de s'organiser autour de moi. Il m'est arrivé, mais rarement, d'héberger quelqu'un villa Molitor. Jamais plus d'une nuit, et uniquement lorsque je n'avais trouvé aucune autre solution, car je ne voulais pas attirer l'attention sur eux.

Au fil des mois, en effet, nos activités devenaient plus exposées. L'une d'elles consistait à prendre en charge la vie cachée de nos professeurs de musique, interdits d'enseignements pour le seul tort d'être juifs.

Dès le vote des lois de Vichy, tous les professeurs juifs s'étaient vus privés, du jour au lendemain, de leur droit à enseigner. Au Conservatoire de Paris, ils étaient nombreux dans ce cas. J'étais en contact plus étroit avec deux d'entre eux, avec qui je prenais des cours d'écriture, André Bloch et Léon Zighéra.

André Bloch était professeur d'harmonie, enseignant au Conservatoire depuis 1927. Il y était donc entré plusieurs années après le départ en retraite de mon grand-père, Paul Rougnon, mais ils se connaissaient et s'appréciaient, et mon grand-père m'avait recommandée à lui.

L'homme était délicieux. Rigoureux dans sa manière d'enseigner et attentif à chacun. Sa brutale éviction l'avait choqué au sens le plus fort du terme. Parce qu'il était victime du racisme le plus odieux et le plus condamnable qui allait conduire à la solution finale. Mais, aussi, parce que la transmission de la musique était sa raison de vivre. Beaucoup de juifs, notamment dans le milieu musical, tentèrent de partir à l'étranger, en Suisse ou aux États-Unis, par exemple. André Bloch ne le voulut pas. Par lassitude ou par crainte de ne pas avoir la force de mener à bien une entreprise risquée d'émigration ? Je ne sais.

Dès qu'il fut suspendu, je me rendis chez lui. « Maître – c'est ainsi que je l'appelais –, la maison de notre famille est située sur la Vienne, sur la ligne de démarcation. Si vous le souhaitez, je peux vous faire passer en zone libre. »

« C'est gentil, Maïti, me répondit-il avec son bon sourire, emprunt cette fois d'une lasse résignation, mais je ne veux pas ; je ne peux pas. C'est ici chez moi. J'y suis tranquille, et en sécurité. » Dans ces mois de prélude de la Révolution nationale de Pétain, il ne se doutait pas que, bientôt, aucun juif ne serait nulle part tranquille dans la patrie des droits de l'homme.

Je tentais d'insister en lui racontant les franchissements que j'avais déjà permis et en l'assurant que je n'avais encore essuyé aucun échec. Mais rien n'y fit. Il voulait rester à Paris. J'en pris acte et, sans encore rien lui dire, pris la résolution de ne pas l'abandonner à un sort que je devinais incertain.

Le lendemain soir, je réunis les douze élèves que nous étions dans le petit appartement mis à la disposition de notre embryon de réseau. Je posais la question de confiance : « Sommes-nous prêts à protéger André Bloch et à nous occuper de lui tout le temps que durera l'occupation ? » Sur les douze, dix acceptèrent avec enthousiasme.

Deux exprimèrent leur réserve, leur crainte surtout. L'un jugeait l'entreprise généreuse mais irréaliste ; l'autre ne souhaitait pas mettre le doigt dans l'engrenage d'activités qui pourraient lui attirer des ennuis, à lui ou à sa famille. Nous l'avons très bien admis, sans en vouloir à aucun des deux. Dans ces circonstances troubles, nul n'a le droit de juger du courage des autres. À chacun d'agir en conscience. Qui sait d'ailleurs, si nous les avions un tant soit peu forcés, s'ils n'auraient pas craqué en cours de route, compromettant plus gravement la confidentialité nécessaire à notre démarche. Nous leur dîmes que nous respections leur choix. Nous n'eûmes pas à regretter cette loyauté mutuelle.

Si ces deux-là ne nous accompagnèrent pas, ils ne nous ont jamais dénoncés, ni même jamais rien laissé filtrer. Ils auraient pu. Leur silence aussi, fut, d'une certaine manière, un acte de résistance.

Tous les dix, nous retournâmes voir André Bloch pour lui annoncer notre résolution. Il en avait les larmes aux yeux. Mais foin de sentiments, il fallait agir.

Premier impératif : changer de nom. Bloch était un peu... voyant, au regard des obsessions des nazis et du nouveau régime. La plaque indiquant « André Bloch, professeur au Conservatoire », fut promptement descellée de l'entrée de son immeuble. D'instinct, je lui ai conseillé de prendre un nom de métier. Et c'est ainsi que, quelques jours plus tard, fut apposée nuitamment par nos soins une nouvelle plaque informant : André Drapier, retraité, 2e étage.

Le plus dur restait à faire : organiser toute sa vie quotidienne. À tour de rôle, nous nous sommes occupés de son ravitaillement. De la Vienne, je rapportais toute sorte de produits que l'on ne trouvait plus à Paris. Il fallut aussi lui procurer des vêtements, permettre des rendez-vous de médecin, quand c'était nécessaire... Pendant plus de trois ans, il n'est pas sorti une seule fois de chez lui.

Il vivait avec sa femme, recluse digne et volontaire, comme lui. Nous avions un code pour frapper à sa porte. Nous profitions de chaque approvisionnement pour prendre au passage une petite leçon de solfège. Nous restions ainsi au niveau et lui permettions surtout de rester notre maître, plutôt que d'être dépendant de notre bonté. Ma participation à cette chaîne de solidarité s'interrompit avec mon arrestation, à l'automne 1943, mais l'histoire s'est bien terminée pour lui. André Bloch mourut chez lui en 1960.

Ces rendez-vous secrets avec André Bloch, comme ceux, moins réguliers avec Léon Zyghéra, qui laissa aux générations futures des méthodes de solfège, pour risqués qu'ils furent, étaient mon coin de ciel bleu dans ces années d'obscurité. Trop occupée par l'Occupation, si j'ose dire, je n'avais plus le temps de pratiquer le piano avec régularité et assiduité. Je pensais avec nostalgie à ces répétitions inlassables avec mon grand-père, à ces heures d'exercice sur les claviers de la rue des Martyrs, à Paris, de la rue de la République, à Saint-Germain-en-Laye, ou sur ce vieux piano droit de Bonnes, que j'ai encore aujourd'hui, mais qui a cessé de faire entendre depuis si longtemps le son chaleureux de ses cordes.

Au plus noir de la guerre, chaque note jouée me semblait une victoire sur le mal, une percée de lumière dans les ténèbres, une revanche de la beauté et de l'harmonie sur la laideur des temps. Les Allemands pouvaient étouffer la liberté, ils ne pouvaient pas effacer des siècles d'un patrimoine commun à l'humanité. Ils pouvaient tuer les hommes ; ils ne pouvaient pas faire taire les notes. Ne dit-on pas que dans les camps de concentration, rien n'agaçait plus les nazis que d'entendre chanter leurs victimes ? La musique est à elle seule un acte de résistance : contre la laideur, le mensonge et la mort. Quelques mois plus tard, j'allais cruellement découvrir que faute de pouvoir tuer la musique, les bourreaux pouvaient mutiler ses interprètes. Victoire cruelle pour ceux-là, cruelle pour moi. Mais victoire partielle, malgré tout.

Moi qui aimais tant jouer Bach, Beethoven, Mozart ou Schubert, je mesurais ce paradoxe ironique que les musiciens qui avaient atteint au sommet du génie étaient fils de ce peuple allemand qui nous offrait alors sa face la moins glorieuse. Une cadence de Mozart était toujours un pied-de-nez aux beuglements de Monsieur Goebbels. Je ne voulais pas non plus que l'on associe tous les Allemands et toute l'histoire de l'Allemagne à cette poignée de criminels qui entraînèrent ce pays durant une décennie seulement. Non, l'Allemagne ce n'était pas seulement Hitler, c'était aussi, et plus encore, Bach ou Beethoven. Le premier, qui salissait l'humanité, passerait, les seconds, qui la grandissaient, demeureraient. Rien que pour cela, il fallait continuer de les jouer.

Fût-ce, dans certains cas, au prix de l'incompréhension. Je pense à ces occasions où il me fut demandé de jouer devant les Allemands. Ce ne fut, je tiens à le dire, jamais de gaieté de cœur. Jouer pour eux était un moyen de leur faire plaisir, j'en avais bien conscience. Ce dont je ne voulais à aucun prix. Je crois avoir montré jusqu'à présent mon refus d'une lecture manichéenne du monde et des hommes. Mais nous étions en guerre. Il y avait bien un ennemi à combattre, un joug à lever, un pays et une population à libérer.

Durant l'hiver 1940, un officier plus raffiné et plus cultivé que les autres occupait le Vieux-Logis. Il aimait sincèrement la musique et pianotait un peu lui-même. « Vous jouez du piano, je crois, j'aimerais vous entendre », me dit-il un jour.

- « Si peu, et si mal », commençai-je par lui répondre. Mon humilité affichée ne le convainquit pas.

- « Jouez ! », me lança-t-il sur un ton où l'injonction prenait le pas sur une courtoisie dont il ne voulait pas se départir. Je m'assis sur le tabouret et sortis une partition.

De manière délibérée je butais sur les touches, faisais des fautes d'accord, m'arrêtais sur des difficultés. D'un air faussement navré, je me retournai vers lui en haussant les épaules comme une petite fille : « Vous voyez bien. »

« Je vois que vous vous moquez de moi », me répondit-il avant d'ajouter, d'une voix où je décelai des accents de sincérité : « Qu'est-ce que je vous ai fait ? »

À moi, rien, bien sûr. Et lui-même, en tant que soldat, n'accomplissait que son devoir. Fatalité d'une guerre. Si la musique adoucit les mœurs, comme on le répète à l'envi, pourquoi n'adoucirait-elle pas cet officier ? Pour la première fois, je me dis que faute de pouvoir gagner la guerre d'un coup de baguette magique, il fallait user de tous les moyens. Faire de la finesse et de la ruse, des armes. De courte portée, peut-être, mais efficaces sans doute.

Ma pratique de l'allemand, je l'ai dit, m'a permis de rendre service aux gens de mon village. Ma pratique du piano allait peut-être aussi me permettre d'être utile à la cause que je voulais défendre.

En amadouant cet officier épris de musique, j'espérais le rendre plus conciliant, plus coulant envers les habitants de Bonnes. Ce fut le cas.

À plusieurs reprises, durant les cinq semaines qu'il passa à la maison, je lui ai demandé d'intervenir en faveur de tel paysan dont on avait réquisitionné un cheval ou d'une famille empêtrée dans les tracas pour obtenir l'autorisation d'aller visiter l'un des siens de l'autre côté de la ligne de démarcation.

Plus avant dans la guerre, mon piano devint une arme pour voler au secours de mes jeunes camarades de Résistance. L'un d'eux avait été retenu à la petite *Kommandantur* de Saint-Julien-l'Ars.

Il était suspecté de vols de documents. Ce qui était rigoureusement exact. Son absence un soir nous a inquiétés. J'avais un mauvais pressentiment. S'il n'était pas relâché dans la journée, les choses tourneraient mal pour lui : il serait transféré ailleurs, à Tours d'abord, puis Dieu sait où, éloignant toute possibilité d'intervenir en sa faveur. L'officier qui occupait alors le Vieux-Logis avait une réelle sensibilité artistique. Après le dîner, je me risquais à prendre l'initiative : « Vous m'avez l'air fatigué. Ça vous plairait que je joue du piano pour vous. » Un fond de mauvaise conscience m'habitait. Ne franchissais-je pas la frontière entre la cordialité minimum d'un accueil contraint et la sympathie affichée envers l'occupant ? Pour conjurer le doute, je me fixai sur mon objectif : obtenir la libération de mon ami.

Je jouai ce soir-là je crois un impromptu de Schubert, dont la mélancolie contenue me semblait de nature à le toucher. À la fin du morceau, la sérénité semblait revenue sur son visage.

- « Merci », me dit-il.

- « C'est gentil de me remercier par des mots, mais je préférerais des remerciements en acte ».

À son trouble, je compris en un quart de seconde l'ambiguïté involontaire de mes paroles. Je partis d'un éclat de rire : « Qu'allez-vous croire ? Vous me connaissez pourtant ! J'ai simplement un petit service à vous demander. »

Et je lui parlai de cet ami. Un pauvre garçon à peine adulte qui ne pensait qu'à reprendre au plus vite des études interrompues par la guerre. Pas du tout le genre à se fourrer dans des affaires compliquées qui le dépassaient. J'essayai de me montrer plus navrée qu'offusquée. L'officier ne me répondit pas. Sa dignité d'occupant lui interdisait de céder trop ostensiblement. Mais dans la matinée du lendemain, le bruit de la grille de la maison m'apporta une bonne nouvelle : c'était mon ami, mal rasé mais souriant, qui revenait. Plus déterminé que jamais à reprendre sa place dans notre amicale que je n'ose appeler réseau.

Je retins l'expérience. J'en mesurais les risques. S'ils découvraient que je les trompais, les représailles seraient terribles et c'en serait fini de toutes mes ruses pour participer à ma manière et à ma place au combat de la France.

Je savais aussi que cette participation, déjà délicate à jouer à Bonnes, serait ô combien plus périlleuse à interpréter à Paris. À partir de 1943, c'est pourtant là que j'étais le plus souvent ; là que j'avais à agir en priorité.

Les sollicitations pour venir jouer du piano devant les Allemands ne manquèrent pas. Par les réseaux du Conservatoire, ils savaient qui j'étais et ce dont j'étais capable. Longtemps, j'ai tenté d'éluder la question ou de repousser les demandes, prétextant toute sorte d'empêchements. Mais comment refuser indéfiniment sans les braquer et, par là même, éveiller leurs soupçons ?

Un jour, j'acceptai donc. Des officiers que j'avais souvent croisés en venant solliciter des services ou des papiers pour des personnes qui en avaient besoin, me firent appeler. Je me rendis tremblante à cette convocation ? Étais-je démasquée ? Non, ils me prièrent juste de jouer du piano dans le cadre d'un anniversaire surprise qu'ils voulaient organiser pour deux généraux du haut commandement. Je leur donnai mon accord, avec bien entendu ma petite idée en tête. La réception avait lieu à l'Hôtel Majestic, avenue Kléber, à une encablure de la place de l'Étoile, où était installé le commandement militaire français de l'armée allemande, ainsi que les services de propagande de la Gestapo. Les dorures m'impressionnaient. J'avais envie de fuir ces lieux qui reflétaient la superbe de cette soldatesque. En m'asseyant devant le clavier, alors que le silence se faisait dans le grand salon, je sentais la pétrification gagner mes doigts. C'est la musique qui leur rendit vie et sut rappeler à tous la primauté de l'art sur toute brutalité. Avec le recul des années, j'ai oublié le programme interprété ce soir-là.

Mais je revois, comme si c'était hier, la scène qui a suivi. Retournée m'asseoir à ma place après avoir joué, je fus appelé en fin de soirée à la table du général fêté. « Vous jouez très bien mademoiselle », me dit-il avec une amabilité qui ne couvrait pas tout entière sa raideur.

Le moment était arrivé d'exprimer le seul motif de mon acceptation. J'avalais ma salive : « Cela mérite bien un salaire, non ? » Un salaire ? Le général était abasourdi. Certains des officiers qui l'entouraient étaient scandalisés. D'autres riaient.

Comment pouvais-je réclamer un salaire alors que j'avais eu l'honneur de jouer devant ce que l'armée allemande comptait de plus hauts gradés ? C'était plutôt à moi, pensaient-ils, de les remercier.

La situation était comparable à ma première exigence de rétribution, exprimée à Bonnes. Mais le cadre était plus intimidant, les acteurs de la scène plus impressionnants, l'ambiance plus pressante et l'enjeu plus risqué.

Je ne pensais qu'à me montrer face à eux la plus déterminée possible. « Je ne vous demande pas d'argent, repris-je. Je vous parle d'un salaire d'une autre nature. » Et de plaider à nouveau en faveur de camarades arrêtés, en essayant de maintenir un flou relatif pour ne pas trahir une connaissance trop suspecte de leur situation et des circonstances de leur arrestation. « Je crois savoir que deux ou trois de mes amis d'études ont été interrogés chez vous. Leurs parents sont inquiets. Je les connais et peux me porter garant d'eux. Ce n'est pas d'eux que vous avez quelque chose à redouter. Je ne sais pas ce que vous cherchez au juste, mais je peux vous dire que vous perdez votre temps avec eux. »

Il faut croire que je sus me montrer convaincante car leur libération fut effective quelques jours après.

Mon piano avait encore remporté une bataille. Il en remporta d'autres. Toujours modestes, mais d'un prix réel pour ceux qui en furent les bénéficiaires. Victoires limitées, car à chaque fois que l'occasion s'en présentait, je ne demandais de faveurs que pour deux ou trois personnes maximum. J'eus sans doute été moins crédible si j'avais débarqué à la *Kommandantur* avec une liste exhaustive de quarante à cinquante noms... L'efficacité est souvent sœur de la patience.

J'avais bien conscience de l'ambiguïté de cette méthode. Jouer à répétition pour les Allemands, cela sentait à plein nez la collaboration, pour ceux qui ignoraient les attendus de mon attitude. Sur le moment, je n'y pensais pas et n'imaginais même pas ce qui pourrait se passer au lendemain d'une victoire. Si j'avais connu à l'avance les débordements d'une épuration aveugle et d'autant plus haineuse que ceux qui la conduisaient étaient des résistants tardifs, peut-être aurais-je reculé.

Pour l'heure, j'enrageais simplement de savoir que des gens partageant le même combat que moi se méprenaient sur mon comportement. Mais c'était le risque à admettre.

Au-delà, j'étais surtout persuadée que le piano remportait une autre victoire, certes plus symbolique, mais ô combien décisive : celle de la lumière sur les ténèbres, celle d'une beauté universelle qu'aucune armée ne pouvait détruire. Bien plus tard, je lus un roman de Romain Gary, *Les cerfs-volants*, dont l'action se déroule en Normandie durant l'occupation. Malgré l'incompréhension des siens, un grand restaurateur refuse de fermer son établissement et accepte de servir les Allemands, se faisant un point d'honneur à leur servir la meilleure cuisine possible. En défendant le bon goût français, explique-t-il en substance, il fait œuvre de résistance car il met sous le nez des occupants ce qu'ils ne pourront jamais détruire ou s'approprier. Avec mon piano, j'ai le sentiment d'avoir accompli quelque chose de cet ordre.

Je n'ai pas décidé seule d'accepter de jouer devant les Allemands. Même avec le toupet qui me caractérisait, ce fardeau moral aurait été bien lourd à porter en solitaire. J'en avais parlé avec mes amis. Je dis mes amis, car il serait bien présomptueux de parler de « réseau », tel qu'on l'entendait pendant la guerre.

Je suis entrée dans la Résistance, et l'ai traversée, comme amateur, pas en professionnelle, pour utiliser une distinction classique du monde sportif, montrant au passage que l'ambition et le sérieux d'une entreprise ne sont pas sacrifiés dans la première catégorie.

J'ai cherché à donner le meilleur de moi-même, pas mis en place une organisation découlant d'une analyse militaire ou politique de la situation. Mes amis et moi n'avons donc jamais appartenu, ni ne nous sommes jamais affiliés à un réseau particulier. Ceux qui nous connaissaient parlaient des « amis de Maïti ». Parfois, lorsqu'il y avait besoin de nous désigner, nous parlions du groupe « Itiam », en renversant l'ordre des lettres de mon prénom.

Ce groupe n'a jamais excédé une dizaine de personnes. Et pas toujours les mêmes au fil de la guerre. Au gré des circonstances, j'avais proposé à quelques personnes que j'estimais dignes de confiance, de participer à mes entreprises.

Il y avait des camarades de la Vienne de mon âge, qui m'avaient donné des coups de main pour des franchissements de la ligne de démarcation. Deux d'entre eux s'étaient comme moi installés à Paris. Il y avait des élèves au Conservatoire, rencontrés chez mon professeur André Bloch. J'étais la plus jeune.

Nos actions étaient modestes. Elles visaient essentiellement à rendre service à des personnes précises. Rien d'idéologique ou de politique dans tout cela. Nous cherchions à faire libérer des jeunes arrêtés par la Gestapo, à fournir des papiers à des familles qui en avaient besoin, à faire passer des courriers utiles à des réseaux organisés, lesquels avaient besoin d'intermédiaires plus anonymes.

Nous nous réunissions dans un petit appartement du XVIe arrondissement, guère éloigné de l'Étoile, donc d'un certain nombre d'implantations stratégiques de l'armée allemande ou de la Gestapo. Mais la rue était petite et discrète. Avec le recul des années, j'en ai oublié le nom.

Cet appartement n'appartenait pas à notre groupe, mais à un monsieur seul, d'une soixantaine d'années, propriétaire de deux logements de l'immeuble, celui-là, et celui qu'il occupait, à l'étage en dessous. Acquis à la cause de la Résistance, il s'estimait trop âgé pour prendre un engagement opérationnel. Aussi trouva-t-il ce moyen pour être utile. Les trois petites pièces étaient mises à la disposition de plusieurs petits groupes comme le nôtre. La clé en était cachée sous un lavabo situé sur le palier.

Le propriétaire ne nous avait donné que deux consignes. Changer de trajet à chaque fois et utiliser en alternance l'entrée principale, la porte cochère, et une entrée de service, plus discrète, donnant sur une rue parallèle.

Par précaution, nous cherchions d'autres lieux de rendez-vous. Nous aimions ainsi nous retrouver dans le grand hall de la gare Saint-Lazare. La foule était un gage d'anonymat en même temps qu'elle offrait une possibilité de dispersion en cas de regard trop appuyé des soldats allemands, qui patrouillaient toujours nombreux dans les gares. Nous essayions bien entendu de les éviter.

Dans certains cas, au contraire, nous marchions à quelques mètres derrière eux, des livres scolaires toujours sous le bras, afin de faire croire que nous n'avions rien à craindre ou à cacher.

Je l'ai dit, l'une de nos tâches principales était de fournir des papiers à qui en avait besoin. Il nous fallait pour cela nous procurer des tampons. En d'autres circonstances, je n'aurais pas à en être fière. Mais je dois avouer que, dans la Vienne, dès les premières années de l'occupation, j'étais passée maître dans l'art du vol de tampons.

Pour franchir la ligne de démarcation, tout le monde ne pouvait ou ne voulait pas tenter de traverser la Vienne à la nage, en risquant soit de se noyer, soit d'être rattrapé par l'ennemi. Beaucoup venaient me voir en me demandant de leur obtenir des papiers. J'en obtenais au compte-gouttes, mais, rapidement, cela ne suffit plus. Faute d'obtenir suffisamment d'autorisations, je me suis autorisée à en fabriquer. Encore me fallait-il pouvoir les frapper du tampon officiel de l'armée allemande.

Un jour, en entrant dans la petite *Kommandantur* de Saint-Julien-l'Ars, je vis une forêt de tampons traînant au milieu d'un amas de paperasses sur la grande table en chêne leur servant de secrétariat. Je venais faire renouveler ma propre autorisation. Pas de doute, c'était le bon tampon.

Il me fallait ensuite, non seulement pouvoir l'embarquer, mais aussi m'assurer que ce vol ne soit pas repéré. Opportunément, un collègue appela le sergent qui traînait son ennui dans ce chef-lieu de canton qui ne satisfaisait sans doute pas ses rêves de gloire militaire. Il sortit trente secondes à peine. Le temps nécessaire pour retourner les sept tampons que je comptai et me rendre compte que c'étaient les mêmes. Dans ce désordre, un de plus ou un de moins, cela ne se remarquerait pas. J'eus juste le temps d'en glisser un dans ma besace avant qu'il ne revienne dans le bureau où je le gratifiai d'un sourire qui masquait les battements accélérés de mon cœur. Pour moi, ce fut le baptême du feu. Mais le malheureux, lui, n'y a vu que du feu...

À Paris, à partir de 1943, je renouvelai l'opération, notamment dans les bureaux occupés par les Allemands avenue Marceau. Avec plus d'appréhension, l'air austère et sévère des sous-officiers affectés dans la capitale me glaçant d'effroi et me faisant regretter la nonchalance débonnaire de mon sergent du Poitou. Les autorisations de circuler n'en étaient pas moins essentielles, que je fabriquais tard le soir dans ma chambre de la villa Molitor.

Après les tampons, vint le temps des cartes. Sur le seuil du petit appartement parisien qui nous servait de quartier général improvisé, nous avons trouvé un jour un petit mot d'un de nos correspondants qui était en relation suivie avec Londres nous demandant de nous procurer des cartes établies par les Allemands, notamment celles couvrant les côtes.

Après coup, nous comprîmes le lien entre cette requête et le débarquement de juin 44. Sur le moment, nous n'avons pas cherché à savoir pourquoi. Ce fut une des règles d'or, commune je crois à tous ceux qui participèrent d'une manière ou d'une autre à la Résistance : ne pas chercher à tout connaître, à tout savoir, à tout comprendre, dès lors que la confiance était solidement établie avec son interlocuteur.

Nos activités nous avaient conduits dans la région d'Amiens. Des amis d'amis avaient besoin de quelqu'un parlant couramment allemand pour effectuer certaines démarches auprès des autorités d'occupation. C'est ce qui a justifié ma présence dans une *Kommandantur* d'une ville moyenne, dont, avec les années, j'ai oublié le nom, située dans le nord du département de la Somme.

Au cours du rendez-vous, je remarquai un paquet de grandes feuilles pliées en huit. À l'évidence, des cartes d'état-major. Une douzaine environ, placées au sommet d'une étagère. L'opération était plus compliquée que pour les tampons. Heureusement, ma requête officielle était compliquée, l'obligeant à en référer à un supérieur. À ma grande surprise, il quitta la pièce en m'y laissant seule. Un rapide coup d'œil circulaire pour m'assurer que personne ne me regardait de l'extérieur et je montai sur une chaise pour attraper les cartes. J'entendais les pas de l'Allemand montant l'escalier. Sans connaître le temps qu'il allait rester à l'étage, j'en déployai une avec une hâte malhabile.

C'étaient des cartes de Dunkerque et de sa région, toutes les mêmes, annotées au marqueur noir, couvertes d'indications que je ne pris pas le temps de déchiffrer. Redescendant de ma chaise, je les fourrai dans ma besace. J'eus juste le temps de me rasseoir avant qu'il ne rentre dans la pièce. Son regard scrutateur trahit sa méfiance. Sur son bureau, rien n'avait bougé. Visiblement, cela le rassura. Mais c'est moi que l'inquiétude envahit lorsque je me rendis compte que je n'avais pas eu le temps de remettre à sa place la chaise qui m'avait permis de me hisser à la hauteur des cartes. Elle restait en évidence au pied de l'étagère. Saisie d'une peur que je m'efforçais de maîtriser, je n'eus plus qu'un souci : achever au plus vite ce rendez-vous. Le soldat s'est-il rendu compte du vol ? Je ne le sus jamais et ne voulus jamais le savoir. J'avais mes cartes. Étaient-elles utiles ? Autre question qui ne me concernait finalement pas. Ma mission était accomplie, je n'avais plus qu'à transmettre le fruit de cette équipée à ceux qui l'attendaient. Une boîte aux lettres avait été établie à l'arrière d'une maison donnant sur les hortillonnages d'Amiens.

Pendant quelques semaines, environ, deux de mes camarades et moi-même eûmes pour unique objectif de nous procurer d'autres cartes. Au total, nous avons estimé avoir ainsi dérobé 75 kg de cartes qui prirent ensuite le chemin de l'Angleterre. À l'été 44, en apprenant l'avancée des troupes alliées de la Normandie jusqu'à Paris, je ne pus m'empêcher d'imaginer que nos petits vols y avaient peut-être leur part de responsabilité. Si oui, ils trouvaient là leur récompense.

Nous ne reçûmes évidemment ni accusé de réception ni remerciements pour ces cartes. En temps de guerre, la discrétion ne fait pas bon ménage avec la politesse. Mais des signes en disent plus longs que les mots.

Quelques jours plus tard, ce devait être en mars ou en avril 1943, nous trouvâmes dans notre boîte aux lettres amiénoise une invitation à nous rendre à Nantes. Il fallait, nous disait-on, aider des résistants à passer en Angleterre où se renforçait la mise sur pied de l'armée française de libération. Les départs par la mer du Nord ou la Manche semblaient trop exposés. Une filière avait donc été mise en place à partir de l'Atlantique.

Après un rapide passage à Paris, nous partîmes donc pour la région de Nantes. La première étape fut de trouver un hébergement à la fois discret et pratique pour ce que nous voulions faire. C'est le hasard qui nous a conduits à une petite blanchisserie d'un quartier périphérique de la ville. Elle s'appelait la

Blanchisserie Mésange. Sa propriétaire, une dame seule, pensait mettre la clé sous la porte. Elle approchait de la retraite et, avec la guerre, les affaires tournaient plus qu'au ralenti. C'est pour arrondir ses fins de mois qu'elle louait deux petites pièces au-dessus de sa boutique. Elle était située pas très loin du port de Saint-Nazaire où les Allemands avaient leur base de sous-marins. Nous ne le savions pas initialement. Mais la proximité d'officiers allemands et leurs passages fréquents à la teinturerie nous mirent la puce à l'oreille. J'en eus l'intuition : il y avait un coup à jouer. Quoi ? Je n'aurais pas su le formuler d'emblée, mais je me disais que tout contact établi avec l'occupant servirait à glaner des renseignements. En quelques jours, nous décidâmes de relancer l'activité de la Blanchisserie Mésange. Quelques soldats venaient ? Nous irions tous les chercher. Nous montâmes en un temps record un service de teinturerie ambulante. Au total, nous avons atteint le nombre de quatorze camionnettes dûment estampillées, grâce aux renforts d'autres résistants de la région avec lesquels nous étions entrés en contact. Nous avons en effet très vite constaté que les officiers venaient faire nettoyer leurs uniformes quatre jours avant chaque départ en manœuvre d'un sous-marin. Les grades étaient bien évidemment apparents sur les uniformes, mais étaient aussi cousus à l'intérieur, sur la doublure, le nom du marin et celui du navire sur lequel il servait.

Ainsi, les mouvements des sous-marins nous étaient connus, que nous transmettions aussitôt, via un correspondant local, aux autorités de la Résistance installées à Londres. Cela dura plusieurs mois, jusqu'à l'été 1943 où je me décidai à rentrer à Paris pour passer mon deuxième bachot que le tourbillon de l'Occupation avait presque fini par me faire oublier.

Chapitre VI

« Le temps de la Passion »

C'était un soir en automne.

Un soir d'octobre 1943. Une de ces belles soirées où l'été ne se résignait pas à céder la place. La douceur du soleil couchant faisait planer sur Paris une paisible insouciance faisant presque oublier le carcan d'une occupation dont la fin tardait à se profiler. Le débarquement allié en Afrique du Nord, près d'un an plus tôt, avait fait naître l'espoir d'une reprise des combats, mais celui tant attendu sur le sol français n'était toujours pas annoncé et, dans l'intervalle, c'est toute la France, depuis l'occupation de la zone libre, qui subissait le joug allemand.

Au printemps, nous avions appris la constitution du Conseil national de la Résistance, prémice de l'unification des réseaux et des forces combattantes, mais la rivalité entre De Gaulle et Giraud se chargeait de ralentir la dynamique nécessaire au moral de tous. Bref, plus que jamais, résistance rimait avec patience et endurance. Avec vigilance, faudrait-il ajouter. Mais force est de reconnaître que la routine menace de s'installer dans tout ce qui finit par s'inscrire dans la durée. Peut-être qu'à force de sillonner Paris sans être inquiétée, qu'à force de prendre des risques qui chaque fois s'étaient conclus de manière positive, qu'à force d'avoir déjoué avec insolence la méfiance des Allemands, avais-je fini par relâcher la garde.

Lorsque ce soir d'octobre 1943, je vis un groupe de quatre soldats allemands au pied de l'Hôtel particulier de la villa Molitor que je regagnais, je ne me suis pas méfiée. Je rentrais avec ma bicyclette. Ma bicyclette verte qui m'avait rendu tant de services à Bonnes, ma complice des allées et venues en zone libre. Je l'avais emmenée avec moi à Paris. Je ne sais pas pourquoi, mais avec elle, je me sentais en sécurité, protégée. Ce soir-là, en plus, je n'avais rien à craindre. Ma journée avait été des plus ordinaires. Du piano, des courses pour la famille de Beaumont qui m'hébergeait, leçons travaillées avec leurs filles et un dîner avec des amis élèves au Conservatoire. Je rentrais donc me coucher les sacoches vides et l'esprit libre.

En franchissant les grilles de la villa, je vis les soldats, mais n'en tirai pas de conclusion particulière. Seule la fin un peu pentue de ma course resserrait le rythme de ma respiration. J'étais encore sur ma selle quand l'un d'eux me lança :

« Vous êtes bien mademoiselle Maïti Girtanner ? » Il m'interrogeait en français, je lui répondis en allemand : « Oui, et alors ? »

- « Descendez de vélo ? »

- « Et pourquoi donc ? »

C'est en allemand qu'ils continuèrent :

- « On vous dit de descendre. Ne discutez pas et montrez-nous vos papiers. »

J'étais abasourdie aussi bien par le caractère inattendu de cette interpellation que par la brutalité de leur ton. Je leur remis mes papiers en leur assénant ma sempiternelle formule magique qui m'avait, jusqu'ici, préservé de tout grave souci : « Je suis suisse. Mon pays est neutre. Vous ne pouvez rien contre moi. »

Ils feignaient de ne pas me comprendre. L'alibi de la langue ne tenait pas, pourtant, puisque je leur parlais en allemand.

Je tendis la main pour les reprendre. Mais au lieu de me les donner, il les rangea dans sa poche et me lança : « Suivez-nous. »

Je m'insurgeais. « Mais de quel droit ? Je suis suisse, je vous l'ai dit. Et vous n'avez rien à me reprocher. Je rentre chez moi, ce n'est pas un crime, tout de même. »

- « Vous nous expliquerez tout ça au commissariat. »

- « Je suis tout à fait prête à m'expliquer. Mais laissez-moi au moins remonter chez moi. Je dois aider deux jeunes filles à travailler. Leurs parents ne comprendraient pas que je ne sois pas là. Il faut que je les prévienne. »

Pour toute réponse, les trois autres soldats se resserrèrent autour de moi. Je n'avais pas encore eu l'amorce d'une explication, mais je sentais que cette fois, les choses tournaient mal. Je n'avais aucune échappatoire. Je mis pied à terre et serrant avec un mélange de rage et de crainte le guidon de ma bicyclette, je marchai, encadrée de cette escorte noire et menaçante. Je ne sais ce qui, de la rage ou de la résignation, dominait en moi.

Rage d'avoir été attrapée aussi bêtement, pas même dans le cadre d'une opération risquée. J'avais tant multiplié les pieds-de-nez aux Allemands durant trois ans, qu'il me semblait humiliant d'être cueillie à froid, à ma descente de vélo. Parler de résignation n'est sans doute pas le terme juste, car il n'a jamais été question pour moi d'accepter l'inacceptable, ou d'accepter l'échec de bon cœur. Mais j'étais habitée d'une assurance intérieure. Dès l'origine de cette aventure, j'avais accepté d'entrer dans une histoire que je n'avais pas écrite d'avance.

De mon enfance, j'avais compris qu'une vie se construisait en répondant aux appels reçus, que ce qui comptait n'était pas de prévoir ce qui allait m'arriver, mais d'être à la hauteur des circonstances qui se présentaient à chaque instant, sans se soucier de ce qui allait suivre. Je n'avais pas à choisir mon chemin, mais à l'emprunter. J'ai déjà eu l'occasion de le dire, mais c'est vraiment la ligne conductrice de toute ma vie : jamais je n'ai douté de la présence de Dieu en moi. Combien de fois avais-je rassuré des candidats au passage de la ligne de la démarcation en leur expliquant que le Seigneur ne les abandonnerait pas.

Ce n'était pas des mots. Et maintenant, c'est moi qui en faisais l'expérience. Encadrée de mes deux soldats, je ne savais pas où j'étais conduite, mais j'entendais résonner en moi cette prière du psalmiste : « Ta main me conduit. »

Alors, je marchai... Pas joyeuse, mais sereine. La méfiance dans les yeux, mais la paix dans le cœur.

Le long des avenues boisées du XVIe arrondissement, nous marchions en silence. Les souvenirs remontaient en moi de toutes ces petites alertes, qui avaient, mais insuffisamment, stimulé ma vigilance.

La première alerte remontait à l'été 1941. Mon petit trafic autour de la Vienne durait depuis maintenant un an. Un soir, un des officiers qui occupait le Vieux-Logis me prit par le bras et m'attira dans un coin de la terrasse. De tous nos hôtes imposés, c'était l'un des plus humains et des plus respectueux de notre famille. L'index pointé vers moi, il me dit : « Mademoiselle Maïti, faites très attention. » Je m'efforçai de rien laisser paraître de mon trouble et lui répliquai : « Faire attention à quoi ? » Il ne changea pas non plus d'expression. « On vous voit beaucoup circuler à bicyclette. Beaucoup trop. Je ne veux rien savoir, mais faites attention. Faites très, très attention. » Ce fut tout. Il ne m'en dit pas plus et je ne l'éclairai pas davantage.

Cet Allemand aurait pu me condamner ; il m'a sauvée. Son ton était bienveillant parce que ferme. Je n'ai jamais su ce qu'il savait, mais à l'évidence, il avait des présomptions sérieuses quant à mes agissements. Je n'ai jamais su non plus pourquoi les raisins de sa colère s'étaient transformés en raisons de sa clémence. Mon heure n'était sans doute pas encore venue. Quelqu'un voulait que je continue d'être utile et avait choisi cette voie détournée et inattendue pour m'y inviter. Car de cet avertissement, je n'ai pas tiré une leçon de tempérance, mais de prudence. Puisque j'étais repérée, ou que je risquais de l'être, il ne fallait pas que j'en fasse moins. Je décidais au contraire d'en faire plus. Mais en prenant davantage de précautions.

Une seconde mise en garde m'arriva dans des circonstances assez voisines, quelques mois plus tard, au printemps 1942, autant qu'il m'en souvienne. Je l'ai déjà expliqué : pour camoufler mes trajets avec des hommes qui voulaient rejoindre la zone libre, je les invitais, s'il en était besoin, à manifester une certaine complicité avec moi. Je préférais éveiller des soupçons de romance que de résistance. Cela marcha si bien qu'un autre officier allemand, me prit à part à son tour pour me faire la leçon. Son air montrait combien il était offusqué.

« Mademoiselle Maïti, je vous aperçois souvent partir vous promener avec des hommes. Et jamais les mêmes, en plus ! Permettez-moi de vous dire que ça n'est pas convenable ! Pas convenable du tout ! »

Je pris un ton un rien minaudant de petite fille prise la main dans le pot de confiture.

« Que voulez-vous, je ne peux pas m'en empêcher. » Et de le supplier : « Vous ne direz rien à Maman ? »

Sa réponse fut une longue et sévère leçon de morale. « Rendez-vous compte ! Moi aussi, j'ai des filles. Jamais je ne laisserais faire ça. On voit bien que vous n'avez plus de père. Ça vous manque. Je ne suis pas votre père, mais c'est un devoir pour moi de vous mettre en garde. »

Je fis mine d'acquiescer. « La voilà prévenue », dut-il se dire. « Me voilà rassurée », pensai-je au contraire. La sincérité et la virulence de son indignation montraient clairement qu'il ne pensait pas un instant que ces flirts supposés puissent être le camouflage d'opérations dirigées contre eux. Il n'est pas agréable d'être traitée de fille légère, mais je préférais savoir ma réputation entachée que de voir mes activités empêchées.

Voilà à quoi je pensais en m'éloignant – définitivement ? – de la villa Molitor. Je méditais aussi sur ces deux moments différents de la guerre, le premier à Bonnes, le second à Paris. À Bonnes, une jeune fille parlant allemand essayait d'être utile aux Français en cohabitant vaille que vaille avec des soldats, certes ennemis, mais qui remplissaient finalement leur devoir de militaire. À Paris, c'était une résistante plus organisée qui combattait une idéologie mortifère aux antipodes de ma conception de l'homme. Aux arrangements possibles avait succédé le choc inévitable.

Pour moi, en ce soir d'octobre 1943, la grande épreuve commençait.

De tout le trajet, je ne pus leur arracher un mot. Ce ne fut pas faute de leur répéter : « Pourquoi m'arrêtez-vous ? Vous n'avez pas le droit ! J'exige des explications ! » Ils me conduisirent d'abord avenue Marceau. Dans des bureaux que je connaissais bien pour y être venue souvent effectuer des démarches administratives, pour moi ou pour d'autres, ma pratique de l'allemand étant utile à tous. J'y avais aussi subtilisé quelques tampons...

Je connaissais donc quelques-uns des soldats qui y étaient affectés. Mais l'interrogatoire fut des plus formels et froids. Nom, prénom, activité, motif de ma présence à Paris... Je dus tout expliquer une nouvelle fois. Comme tant de fois à Poitiers, à Paris et ailleurs, je mis en avant ma nationalité suisse et tendis mon passeport censé me protéger. Je demandai avec vigueur de pouvoir téléphoner à la Légation suisse qui, je n'en doutais pas, obtiendrait ma libération immédiate. On me le refusa.

« Nous savons que vous aidez des terroristes. Il va falloir vous expliquer », me lança un sergent.

« Qu'allez-vous faire ? J'exige de savoir. J'exige le respect de mes droits », répliquai-je, en allemand. Mais je ne mis pas longtemps à comprendre que je n'avais rien à exiger. Et tout à redouter.

Ils me laissèrent longtemps – une heure, deux heures ? L'attente paraît toujours interminable – assise sur une chaise en bois, sans m'éclairer en rien sur la suite.

La nuit tombait. Une agitation s'empara soudain du bureau dont tous les occupants étaient gagnés par la torpeur.

- « Venez », me dit-on.
« Mais où ? »
- « Venez, suivez-nous. »

Allaient-ils me relâcher ? La Légation suisse avait-elle finalement été avertie ? Allais-je dormir dans ma chambre de la villa Molitor ? Espoir et crainte se mêlaient en moi. Mais l'espoir fut de courte durée. La voiture, dans laquelle je fus priée de monter, sans excès de courtoisie, mais sans brutalité non plus, remonta l'avenue Marceau en direction de la place de l'Étoile, fit le tour de l'Arc de triomphe, s'engagea dans l'avenue Foch, et s'arrêta au numéro 84. Le siège de la Gestapo ! Là où furent transférés, interrogés, torturés ou tués tant de résistants, dont le plus célèbre d'entre eux, Jean Moulin. J'avais ma réponse ; je ne dormirai pas villa Molitor...

Je fus en effet emmenée aussitôt au quatrième étage de cet immense immeuble. Chaque marche que je montais me faisait l'effet d'une porte de prison se refermant derrière moi. Au cours de cette ascension, je réclamais encore et toujours d'appeler la Légation suisse, les menaçant de graves ennuis en cas de non-respect de ma neutralité. Encore et toujours en vain.

L'escalier me conduisit, avec mon escorte muette, dans un couloir interminable, aux murs gris de saleté où les portes se succédaient dans un alignement monotone. Le soldat ouvrit l'une d'entre elles et me poussa dans une petite pièce. Une chambre de faible dimension, sept ou huit mètres carrés environ, percée d'une fenêtre dont la poignée était bloquée. Un sommier défoncé faisait office de lit, sur lequel une couverture poussiéreuse était négligemment jetée. Une table et une chaise en bois achevaient la décoration de cette chambre d'hôtel forcée dont le cadre rudimentaire et lugubre contrastait avec le prestige de l'adresse...

Je m'assis sur le sommier, faisant crier les ressorts rouillés, abasourdie. Quelques minutes plus tard, la porte s'ouvrit à nouveau. Un autre soldat m'apportait un broc d'eau et une cuvette.

« Serait-il possible d'avoir un morceau de savon ? » Je n'avais pas terminé de poser ma question que la porte s'était déjà refermée. Inutile de préciser que je n'eus pas de savon.

En quelques heures, ma situation avait basculé. Mais mon épuisement m'empêchait de réfléchir plus avant sur mon sort. Allongée sur le lit, j'offrais ces dernières minutes de la semaine au Seigneur à qui j'adressais une prière d'abandon. Et je m'endormis.

Le lendemain, la journée ne m'apporta pas plus d'explications. Après de longues heures passées à attendre dans cette chambre, qui était restée fermée à clefs, je fus présentée à quelque bureaucrate de la Gestapo qui, à son tour, me demanda de décliner mon identité, de préciser ce que je faisais, de justifier mon emploi du temps. Plus remontée encore que la veille, j'exigeai de téléphoner à la Légation suisse, persuadée que l'immunité que me conférait ma nationalité permettrait de tout faire rentrer dans l'ordre dans les délais les plus brefs. « On s'en chargera », me répondit-il. La promesse ne m'apporta ni assurance, ni réconfort. Plus les heures passaient, plus mes dénégations quant à toute participation à la Résistance active suscitaient en lui une résistance passive. Devant moi, il remplissait des formulaires qu'il frappait brutalement d'un tampon, comme s'il voulait écraser une mouche. Je fus ensuite conduite devant des officiers plus gradés. L'un d'eux avait participé à la soirée d'anniversaire du général pour qui j'avais joué du piano. Je le reconnus, mais il me reconnut tout autant. Passées quelques secondes de stupéfaction, il explosa : « Quoi, c'est vous ! La soi-disant petite pianiste qui prétendait ne rien comprendre à la politique et qui nous demandait de libérer de simples camarades innocents ! En fait vous êtes une terroriste ! »

Terroriste, c'était leur grand mot. Jamais ils ne désignaient autrement les résistants. La rage de cet officier dura de longues minutes. Rien ne pouvait l'arrêter. Il ne décolérait pas de s'être fait rouler par une gamine de vingt ans. Mon arrestation était un aveu de la naïveté dont avait été victime la police la plus inquisitrice. À n'en pas douter, j'allais le payer.

Je fus reconduite dans ma chambre où l'on m'apporta un frugal repas. Le dîner fut la seule autre occasion de la journée où ma porte s'ouvrit : un bol d'une soupe aux légumes, sans beaucoup de goût, un quignon de pain.

Cette fois, j'étais résignée à passer une seconde nuit avenue Foch. Ma surprise fut donc totale lorsque deux hommes de la Gestapo me firent dévaler les marches des quatre étages. Malgré leur brutalité, je me mis à y croire. Étais-je donc enfin libérée ? L'espoir fut de courte durée. Devant l'immeuble, une fourgonnette grillagée m'attendait, style panier à salade, dans laquelle je vis, déjà assis, d'autres personnes, quatre, autant qu'il m'en souvienne, dont le regard avait déjà perdu toute flamme. Je compris aussitôt que je ne montais pas dans le convoi de la liberté. Il faisait nuit.

Dans la petite lucarne arrière, j'apercevais l'Arc de Triomphe, diminuant progressivement de taille, à mesure que nous nous approchions de la sortie de Paris. Si nous en doutions encore, le triomphe n'était pas le nôtre.

Combien de temps dura le trajet ? Je ne sais plus. Il me sembla interminable et pénible. Le camion roula toute la nuit. Le bruit du moteur me donnait mal à la tête, d'autant plus que nous ne pouvions pas le couvrir du bruit de nos conversations.

Dès le début du trajet, je m'étais tournée vers mes compagnons de voyage : « Qui êtes-vous ? », « Que vous reproche-t-on ? », « Savez-vous où l'on nous emmène ? » Mais mes questions avaient été sèchement coupées par un de nos gardiens : « Vous n'avez pas le droit de parler entre vous. »

Faute de leur parler, je regardais mes voisins et priais pour eux, demandant au Seigneur de les revêtir de sa force. L'un d'entre eux me fit pitié.

Il était visiblement le plus jeune, moins de vingt ans, certainement, et l'effroi se lisait dans ses yeux. « Mes parents vont s'inquiéter, laissez-moi au moins les prévenir », suppliait-il la voix brisée par les sanglots. Mais très vite un silence triste régna à l'arrière de la camionnette. Moi-même m'endormis au bout d'un moment.

Le trajet dura encore toute la journée du lendemain. L'engourdissement gagnait nos membres, les haltes étant rares et toujours réduites au minimum, les chauffeurs et les gardiens étant angoissés à l'idée que l'un de nous en profite pour s'enfuir. Nous en étions pourtant déjà bien incapables. Dans mon souvenir, c'est également un soir que nous arrivâmes au terme de notre expédition, car il faisait nuit et nous fûmes conduits d'emblée sur des paillasses de fortune.

Où étions-nous ? Personne ne nous avait fourni la brochure de présentation, ni le plan d'accès... La longueur du trajet nous permettait juste de conclure que nous étions à des centaines de kilomètres de Paris. De la douceur de la température, alors qu'il faisait nuit depuis un bon moment, j'en déduisis que nous étions dans le Sud de la France. Enfin, une intuition confortée par l'odeur particulière de l'air me faisait dire que nous étions proches de la mer.

J'ai su par la suite que nous étions à Hendaye plage, à l'extrême limite de la France avant la frontière espagnole.

Je compris bien vite, aussi, que nous étions dans une grande maison bourgeoise et j'ai su par la suite que les Allemands avaient réquisitionné plusieurs des villas de la région afin, notamment, de contrôler la frontière. Lorsqu'elle était encore en place, la ligne de démarcation passait dans les Basses-Pyrénées, rebaptisées plus tard Pyrénées-Atlantiques, un peu plus dans les terres. Mais cette double frontière, avec la zone libre et avec l'Espagne, faisait de ce secteur une zone particulièrement sensible, propice au départ de résistants cherchant à rejoindre les troupes combattantes. Hendaye plage était vraiment l'extrémité du sol français. L'étroite surveillance allemande s'expliquait donc aisément.

Certaines des villas réquisitionnées servaient de lieu de détention pour résistants arrêtés. C'était donc le cas de celle où je fus conduite. La faible capacité d'accueil était un gage de discrétion. Un grand centre de rétention aurait été aisément repérable et identifiable.

À partir de la fin 1943, les réseaux commençaient d'être suffisamment organisés pour tenter des opérations commando de libération de camarades en captivité. Avec ces villas, nichées au cœur de quartiers résidentiels, la recherche de prisonniers s'apparentait à celle d'une aiguille dans une botte de foin. Je n'allais pas tarder à en faire l'expérience.

Je fus consignée dans une pièce, que je n'ose qualifier de chambre, à l'entresol de la maison. Plus encore que de l'intérieur, je me souviens de la vue que j'en avais, au travers d'un vasistas qui donnait à ras du sol. J'apercevais un vaste parc aux allées bien entretenues et bordées d'arbres bien taillés. J'y voyais les hommes de la Gestapo faire les cent pas. Attirée par le crissement des pneus sur les graviers, je voyais encore les tractions noires s'avancer devant l'entrée de la villa, soldats ou policiers en sortant avec de grands claquements de portes.

L'intérieur de la pièce était à peine aménagé, mélange de cave, de débarras et de buanderie. Des cartons fatigués et gras s'empilaient le long du mur, tandis qu'une paillasse, moins confortable encore que celle de l'avenue Foch avait été installée. J'y dormais. J'y prenais mes repas, réduits au minimum, Mais ce n'était pas là que je passais le plus clair de mon temps.

La journée, tous les prisonniers étaient consignés dans une grande pièce au rez-de-chaussée, la plus vaste de la maison sans doute.

Nous étions dix-sept. Du moins dans les premiers jours. Car, et ce ne fut pas la moindre des épreuves psychologiques, nous en voyions chaque semaine en disparaître un ou deux, que l'on ne revoyait jamais par la suite. L'atmosphère, dans ce salon lambrissé, était épouvantable. L'angoisse et la frayeur se lisaient sur les visages. Il ne nous était encore rien arrivé, ni mauvais traitement, ni annonce fatale, mais la peur de l'inconnu faisait déjà son travail de sape dans les cerveaux.

D'emblée, je sus qu'il fallait faire quelque chose. Notre corps était entre leurs mains, mais nos esprits leur échappaient. Ils avaient l'assurance d'une victoire physique. Il nous revenait de leur infliger une défaite morale. Ils pouvaient nous humilier, nous briser, nous tuer. Ils ne devaient pas nous priver de notre dignité humaine. Rester des êtres humains, c'était désormais notre seule possibilité de résister.

Et un être humain, c'est d'abord un être de parole. Je n'ai pas voulu que le silence triomphe de nous. J'ai pris la parole :

« Si nous nous taisons, nous sommes fichus. Nous allons nous enfermer en nous-mêmes. C'est ce qu'ils cherchent : faire de nous des animaux, des légumes. D'abord, nous ne parlerons plus. Puis nous ne penserons plus. Et nous ne réagirons plus, nous ne vivrons plus. Notre seule chance de tenir, c'est de parler, toujours parler. Parler de soi-même pour se prouver à soi-même et aux autres que nous existons. Et s'intéresser aux autres car c'est cela qui fait de nous des humains. »

Tous ont levé la tête et m'ont écoutée. La plupart m'ont approuvée. Quelques-uns branlaient la tête d'un air navré et désabusé. Mais petit à petit, chacun a joué le jeu et a commencé de se livrer. Nous commencions par dire qui nous étions, de quelle région nous venions. Puis nous laissions remonter des souvenirs. Des souvenirs d'enfance de préférence car pour le passé récent, chacun était d'une prudence de Sioux. Et c'était bien ainsi. Notre point commun était d'être suspects d'actes de résistance aux yeux des Allemands. Et dans la quasi-totalité des cas, c'était sans doute vrai. Nous veillions donc à ce qu'aucune indication trop précise, aucun indice ne puisse nous trahir. Mais enfin, nous gagnâmes ce premier combat, peut-être pas le plus facile, mais certainement celui qui allait nous donner la force dans les autres épreuves.

La première d'entre elles fut les interrogatoires quotidiens, répétitifs, incisifs qu'il fallut supporter. Nous étions appelés à tour de rôle et toujours seuls.

Ils se déroulaient dans une autre pièce, plus petite. Deux hommes étaient assis derrière une simple table, menant les interrogatoires de police, le prisonnier étant soit assis sur une chaise en bois, soit prié de rester debout.

Un troisième homme était là. Un grand jeune homme blond, n'ayant pas encore la trentaine, mince, toujours tiré à quatre épingles. Il restait debout, souvent calé dans l'angle de la pièce, une jambe pliée et le talon appuyé sur le mur. C'était leur supérieur. Les deux autres l'appelaient *Doktor*, « docteur ». Je sus plus tard que son prénom était Léo, mais je ne savais pas que nos destins auraient à ce point partie liée. Il était d'allure plus noble que les deux autres, moins vulgaire aussi, sans aller jusqu'à afficher un semblant d'amabilité. Il parlait peu car il laissait ses deux subordonnés mener l'entretien.

Je me souviens avoir posé mon regard sur lui. Sans arrogance. Calmement, mais longuement. Je ne cherchais pas à le défier, mais à le scruter. Je voyais ce beau jeune homme et je voulais comprendre : que fait-il ici ? qu'est-ce qui peut bien traverser sa tête ? que peut lui inspirer sa conscience ? Autant de questions que je ne permettais évidemment pas de formuler à haute voix, cherchant, en vain, à trouver des réponses dans son regard. Ses yeux clairs soutinrent les miens et je dus en rester là à ce moment, rattrapée par les questions de mes interrogateurs.

Leurs questions montraient qu'ils étaient bien renseignés sur ce que je faisais dans la Vienne. Ils ne disaient jamais « que faisiez-vous ? », mais toujours « nous savons que vous faisiez telle chose. Pourquoi ? » Et « pour qui ? », surtout.

Toute leur démarche consistait à vérifier si les personnes qu'ils avaient arrêtées étaient du menu fretin ou des gros poissons de la Résistance. À partir de la fin 1943, celle-ci commençait d'obtenir ses premiers résultats. Les Allemands se montraient donc pressés de détruire cette source d'opposition qui risquait de les affaiblir, alors qu'ils s'exposaient à de nouvelles difficultés sur d'autres fronts. La détention de suspects leur immobilisait des hommes qui auraient pu être utiles ailleurs. Ils ne cherchaient donc pas du tout à retenir le maximum de résistants, mais plutôt à repérer les têtes de réseaux.

Avec moi, ils étaient donc embarrassés car je m'évertuais à faire l'idiote et à nier toute implication. La guerre ? Seule la musique me passionnait. La résistance ? « Vous m'imaginez, moi, jeune fille d'à peine vingt ans, soutenir un rythme de nature militaire ? » Des franchissements de la ligne de démarcation ? « Je vais être honnête avec vous. J'entendais bien dire dans le village qu'il y en avait de temps en temps. Mais je n'en ai jamais été témoin. » Des activités souterraines ? « Comment imaginez-vous un seul instant que je puisse faire quoi que ce soit puisque vos officiers occupaient notre maison jour et nuit ? Réfléchissez donc ! »

Mes trajets incessants à bicyclette, dont ils étaient visiblement avertis, les intriguaient. Ils étaient pour eux l'indice d'une activité anormale, et en tout cas inhabituelle pour une fille de mon âge censée faire des études de musique.

Dix fois, vingt fois, je dus répondre aux mêmes questions. Mais les auxiliaires de la Gestapo, glaçants et inflexibles, que j'avais devant moi n'avaient plus rien à voir avec les soldats, courtois et parfois conciliants, de la Vienne. Il n'y avait plus de place pour la ruse. Le combat, désormais, était frontal. Brutal, violent. Ils voulaient savoir. Il leur fallait des coupables. Il leur fallait des aveux. À tout prix. Un prix en regard duquel la vie humaine n'avait qu'un trop faible poids.

Quel enfant ne se souvient pas de la première gifle reçue de ses parents ? Encore l'humiliation du moment laisse-t-elle la place, des années plus tard, à la reconnaissance d'une fermeté qui n'était qu'un versant, nécessaire, de l'amour au service de l'éducation. Mais là, ce lien affectif n'existait pas !

Je me souviendrai toujours de la première gifle reçue dans le huis clos d'Hendaye. D'autant que cette gifle-là ne recelait aucun atome d'amour ! La gifle du bourreau ne cherchait pas à faire grandir, mais à détruire, pas à éduquer mais à humilier. La première gifle est celle que l'on reçoit par surprise. Celle qui laisse sans voix. Celle qui se présente comme un simple avertissement et laisse deviner l'escalade possible.

J'ai oublié leur question et j'ai oublié ma réponse. Mais à l'évidence, elle ne leur convenait pas. Les deux hommes assis se tournèrent vers leur supérieur, vers Léo. Celui-ci se contenta d'un petit geste affirmatif de la tête. L'un des deux se leva alors, se rua sur moi et, tirant son bras en arrière comme un joueur de tennis avant de frapper la balle, m'administra une gifle magistrale qui me fit vaciller de ma chaise. Je ressentis une douleur épouvantable dans la mâchoire. Ce fut la seule ce jour-là.

Je fus ensuite reconduite dans la pièce commune où les autres détenus attendaient de passer à leur tour à la question. Je m'assis. Ou plutôt m'écroulai par terre. Les autres me regardèrent, sans oser m'interroger. Que ressentais-je à ce moment ? De la douleur et de l'épuisement, certainement. Mais je me rendis compte que je n'éprouvais aucune haine de ces trois hommes qui m'avaient brutalisée, ou permis que je le sois.

En retrouvant peu à peu mes esprits, je me tournai vers Dieu, dont je puis témoigner qu'il ne m'a jamais manqué, jamais abandonnée. Je murmurai la prière du Notre Père. « Pardonnez-nous nos offenses, comme nous pardonnons aussi à ceux qui nous ont offensés. » J'égrenai ces mots presque mécaniquement, les connaissant par cœur, mais oubliant parfois de les dire avec le cœur. Mais à la deuxième fois, je sentis que ces mots me concernaient personnellement, que la prière que nous avait laissée le Christ s'inscrivait dans mon histoire à compter de ce jour. Oui, je devais leur pardonner. Oui, pour eux aussi le Christ avait offert sa vie. Dieu aimait tous les hommes et me demandait à moi aussi de les aimer. Y compris, et surtout, s'ils étaient mes ennemis.

« Aimez vos ennemis, et priez pour vos persécuteurs. Si vous aimez ceux qui vous aiment, quelle récompense aurez-vous ? Les païens n'en font-ils pas autant ? » Ces paroles de Jésus m'ont habitée durant ces semaines de captivité, jusque dans ces moments où la souffrance devait atteindre un stade que je n'avais jamais ni expérimenté, ni imaginé. Je vis comme une grâce d'avoir été habitée d'emblée par cette parole de vie et de n'avoir pas succombé à des pensées de mort.

On l'aura compris depuis longtemps, je pense : la foi au Dieu d'amour est le cœur de ma vie et j'ai toujours eu le souci de la faire partager autour de moi. Tout simplement parce que je ne me sens pas le droit de garder pour moi, avec égoïsme, un trésor reçu gratuitement. Aux candidats au franchissement de la ligne de démarcation, j'avais tenté de montrer la force et le réconfort donné par Dieu. Combien plus l'enjeu était de taille pour mes codétenus qui vivaient avec moi une forme de Passion.

Lorsque je les ai invités à ne jamais renoncer à parler, pour tenir le coup, je leur ai tout de suite parlé de l'amour de Dieu. « Je ne sais pas où vous en êtes chacun avec le Seigneur, mais je vais vous dire pourquoi sa présence est importante pour moi », m'étais-je lancée, en prélude à ma petite leçon de catéchisme sur l'espérance plus forte que la haine, sur la vie plus forte que la mort.

Certains étaient déjà croyants, d'autres redécouvraient une foi qu'ils avaient laissé au vestiaire de leur enfance.

Personne ne se dissimulait la gravité de l'enjeu. Nous savions tous qu'au-delà de notre liberté, notre vie même était en péril. Demain, dans quelques jours, dans quelques semaines, n'importe lequel d'entre nous pouvait être déporté, torturé ou tué. Se bercer de gentilles paroles de réconfort n'aurait pas été à la hauteur. En essayant de braquer vers Dieu le regard de mes codétenus, je n'avais donc pas peur de parler de la mort. Sans fard. Mais de l'espérance aussi qui nous était offerte.

« La vie éternelle, expliquai-je, n'est pas un beau conte de fée destiné à faire passer la pilule de la mort. C'est l'assurance de toucher au but, de savoir enfin pour quoi, et surtout pour qui nous sommes faits. C'est une relation à Dieu et aux autres qui ne connaîtra plus de limite, d'échec, de déception. Cette rencontre avec celui qui nous a créés sera la plus importante, la plus bouleversante de toute notre existence. Alors ne manquons pas ce rendez-vous et préparons-le. Et dites-vous qu'aucun de nos bourreaux ne pourra jamais vaincre cette espérance si elle est solidement ancrée en nous. » Je résume après coup, bien sûr, la teneur de mes propos. Car selon les jours, notre résistance physique, l'état de notre moral, nos échanges étaient plus ou moins construits. Parfois, je me contentais d'un mot ou deux ; parfois je me lançais dans des discours plus longs et plus structurés. Beaucoup m'ont confié que cela nous avait soudés entre nous et les avait fait grandir.

À plusieurs reprises, j'ai vu dans la pénombre la silhouette élancée de Léo. Il ne disait rien et se montrait encore moins. Il ne m'interrompait pas, non plus. Un jour que je remarquai sa présence, j'eus une vive conscience que c'est à lui que je parlais. Intuition étrange. Comment les mêmes mots pouvaient-ils être destinés à la fois à ceux qui sont conduits vers leur mort et à celui qui les y conduit ? Mais je savais que le bourreau comme la victime étaient tous des enfants de Dieu, pécheurs, à des degrés différents à nos yeux humains, mais que Dieu seul pouvait juger, et que tous, nous avions besoin de son pardon, du Salut qu'il nous avait donné par son fils.

C'est vrai, je priais pour Léo. Je ne le lui ai jamais dit, et sans doute l'aurait-il très mal pris. Mais c'était ainsi. Depuis les premiers jours de ma détention. Non sans difficulté, j'essayais non pas de voir le mal qu'il me faisait mais de me dire que Dieu portait sur lui aussi un regard d'amour. Qui sait, si je ne l'avais pas fait, comment auraient évolué mes sentiments pour lui ? De la résistance, je serais sans doute passée à l'animosité et à la haine. Sans que cela ne change rien, ni pour lui, ni pour moi.

Je ne me formulais pas aussi nettement sur le moment, mais au fond, naissait déjà en moi le désir de le savoir ultimement sauvé. Le traitement qu'il nous faisait subir se faisait pourtant chaque jour de plus en plus odieux. Tel était son objectif. Il était médecin, je l'ai dit. Choisi tout spécialement par la Gestapo pour expérimenter des traitements nouveaux.

Sa mission était sans ambiguïté : obtenir des renseignements et des aveux en faisant craquer nerveusement les suspects, leur infliger des souffrances toujours plus grandes sans aller jusqu'à les tuer. Ce qui n'empêchait pas les excès ni, à terme, l'élimination définitive des personnes.

Les acolytes de Léo étaient chargés de nous frapper à coup de gourdins au bas de la colonne vertébrale. Outre des ecchymoses, cela ne laissait pas obligatoirement de traces visibles. Mais les dégâts internes étaient recherchés et terribles. Les coups atteignaient la moelle épinière et donc détruisaient les centres nerveux. C'est ce qui m'est arrivé, ainsi qu'aux dix-sept personnes avec qui je fus initialement enfermée. Cette souffrance était un cauchemar. Chaque fois, je me retrouvais quasi évanouie sur le sol.

Je sais que l'on a parlé à ce propos de torture. Personnellement, je récuse ce terme. Non que je minore ce que nous avons enduré. Et si j'ai eu la force de résister, ce ne fut hélas pas le cas de tous ceux qui partagèrent ce sort. Mais je ne permets pas de comparer cela aux atrocités physiques infligées à certains résistants devenus méconnaissables.

Et, de toute façon, là n'est pas l'essentiel. Si, moi comme d'autres, moi après d'autres, j'ai un message à transmettre, il ne se fonde pas sur un hit-parade des souffrances subies. Qu'on me pardonne de ne pas en dire plus sur les traitements proprement dits expérimentés par ce médecin et son équipe. La douleur, je crois, peut faire bon ménage avec la pudeur.

Ce qui compte, c'est de savoir que ces quelques quinze ou vingt semaines, enfermée à Hendaye, me semblèrent une éternité et qu'elles furent pénibles. Plus les jours passaient et plus une mort prochaine était évidente à mes yeux. Je me voyais diminuer physiquement. J'avais de plus en plus de difficulté à me déplacer. Je n'avais plus la force de me nourrir. Mais dans ma tête, je tenais. Je savais qu'une histoire se tissait, de manière obscure certes et que je devais en rester le maître. Sinon dans mon corps, ce n'était plus possible, du moins dans mon âme et dans mon esprit. Tant que je pouvais orienter mes pensées, tant que je pouvais prier, j'étais victorieuse, me disais-je.

Et je crois que je fus victorieuse jusqu'au dernier jour. Même si, après une nouvelle – et ultime ? – séance de coups, je fus laissée pour morte sur la paillasse de ma chambre cave. Pour eux, mon histoire était terminée. En fait, elle commençait. Il m'était demandé d'écrire de nouvelles pages que je n'avais jamais imaginées.

Chapitre VII

« Ne pas faire de ma vie une tragédie »

Des pas faisant craquer la terre durcie par le froid m'ont réveillée. C'était l'hiver. Je sus au moment de ma libération que nous étions en février 1944 et que ma rétention avait duré un peu plus de quatre mois. Sur le moment, je savais simplement que nous étions en hiver. Sur la côte basque, la saison n'avait pas la rigueur qu'elle infligeait à Paris ou dans la Vienne. Mais, dans mon entresol non chauffé, je pâtissais de la fraîcheur des températures. D'autant que ma résistance physique s'était considérablement affaiblie. J'avais maigri. Mon organisme ne parvenait plus à me réchauffer. La douleur des coups reçus m'empêchait en grande partie de dormir. Chaque nuit était un nouveau cauchemar. Durant ces longues heures d'insomnie, je pensais à ma fin qui approchait. Avec tristesse, mais sans peur. Je priais longuement, implorant le Seigneur de donner sa force à ceux qui étaient dans la même situation que moi, mais n'étaient habités d'aucune espérance.

Cette nuit de février, j'avais fini par somnoler lorsque je fus attirée par un bruit extérieur. Avec difficulté, je parvins à me hisser sur la paillasse dont la toile qui nous servait de draps n'avait pas été changée depuis plusieurs semaines. Du vasistas d'aération, je voyais le sol du jardin de la propriété. Sans pouvoir en évaluer le nombre exact, je compris que des personnes s'approchaient de la maison en cherchant à se faire les plus discrètes possible. De temps en temps, un faisceau de lumière déchirait l'obscurité des arbres.

Je compris sur l'instant qu'une opération était en cours. Ma faiblesse m'empêchait de me réjouir, mais je sentais qu'un dénouement intervenait. « Votre délivrance est proche » : la parole de saint Paul me traversa l'esprit comme un éclair.

Peut-être mon absence de jubilation tenait-elle aussi à une absence de surprise. À vue humaine, rien ne me garantissait une libération proche. Au contraire. Mais au fond de moi, l'espoir était resté présent. Et même l'assurance. L'assurance que cela se terminerait bien. J'aurais été bien incapable d'accueillir mes sauveurs d'un flegmatique « je vous attendais ». Mais il y avait de ça.

À l'extérieur, les bruits se rapprochaient. S'intensifiaient. Tout à coup un fracas brutal me fit comprendre que l'assaut avait été donné à la villa. Des ordres en français se mêlaient à des vociférations proférées en allemand. La nuit, une présence minimale était maintenue. Le nombre était incontestablement du côté des résistants. Du rez-de-chaussée de la villa, m'arrivait l'écho de bagarres.

C'est alors que la porte de ma cellule s'ouvrit d'un coup sec.

- « Vous êtes Maïti Girtanner ? »

- « Oui, et vous ? »

- « Venez ! Nous sommes venus vous libérer. »

L'homme, dont l'accent suisse souleva dans mon cœur une grande joie, commença de remonter. Mais je ne pus le suivre. Malgré mes efforts, je ne pouvais pas me relever ; encore moins marcher. Ils se mirent à deux pour me soulever par les aisselles et me remonter, pour ne pas dire me traîner, en dehors. Une voiture, toutes portes ouvertes, attendait devant la porte, le moteur tournant déjà.

- « Et les autres ? », demandai-je alors.

- « Quels autres ? »

J'expliquai que nous étions plusieurs. Que j'ignorais le nombre exact de détenus que nous étions encore, car, depuis plusieurs jours, nous n'avions plus de contacts entre nous. J'imaginais que nous étions cinq ou six, en me souvenant des disparitions, jamais expliquées, d'une dizaine d'autres résistants, camarades des premières semaines.

Le temps était compté. S'ils avaient pu immobiliser les Allemands qui occupaient la maison, ils ignoraient tout des relèves possibles et des alertes éventuelles. À quelques-uns, ils rentrèrent dans la villa, en visitèrent toutes les pièces et ressortirent avec deux détenus seulement dont l'état faisait peine à voir et qui d'ailleurs ne goûtèrent pas longtemps de leur liberté retrouvée, la mort emportant sa victoire peu de temps après. À quelques jours près, sans doute, j'aurais été victime d'une fin analogue. J'ai vraiment été sauvée in extremis. Mon heure n'était pas encore venue. L'un des deux, je l'appris plus tard, s'est suicidé. Quelle détresse devait être la sienne pour qu'il en arrive à cette extrémité.

Aussitôt après y avoir été engouffrée, la voiture démarra sur les chapeaux de roue. La nuit enveloppait toujours Hendaye. Sur la route, l'aube apparut et le soleil se leva, promesse d'un nouveau jour, annonce d'une nouvelle naissance.

Je ne sais combien de temps le trajet dura. Pour le coup, je m'endormis comme une masse dans la voiture. C'est à Paris qu'on m'emmena et qu'on m'expliqua.

La Croix-Rouge suisse avait été alertée de ma disparition. Depuis le début 1943, en effet, j'adressai chaque semaine un message qui était transmis à mon frère Francis, lequel le répercutait à la Légation suisse. Tout au long de la guerre, nous avions gardé des liens avec la Légation qui, sans être pleinement au courant de nos activités, gardait un œil sur nous.

Qu'un message ne parvienne pas à ses destinataires une semaine, cela était déjà arrivé. Mais au bout de plusieurs semaines consécutives sans nouvelle, mon frère commença à s'inquiéter et donna l'alerte. Les recherches commencèrent, d'emblée dans le Sud de la France. On m'a expliqué que c'était au sud de la Loire qu'il y avait la plus forte concentration de prisonniers. Des groupes de la Résistance avaient pris des contacts avec la Croix-Rouge suisse qui disposait de son côté de solides informations. Les différents recoupements les conduisirent à Hendaye. Jusqu'à moi. Jusqu'à mettre un point final à un cauchemar éveillé qui vit mon corps s'abîmer, mais mon esprit résister et mon âme, je l'espère, s'affermir.

Depuis ce tournant des années 1943-1944, je vis la souffrance au quotidien. Très vite, j'ai compris que la limitation de mes capacités physiques n'était pas provisoire. La souffrance pour moi n'était pas une étape, mais un état. C'est vraiment très difficile à admettre. Nous vivons toujours dans l'espoir du caractère passager d'une blessure, dans l'attente que tout redevienne comme avant, que le fil de l'histoire se renoue. Là, c'était différent. Des centres nerveux avaient été détruits en moi, que je ne récupérerai jamais. Il n'y avait donc pas à reconstruire ce qui avait été détruit, comme on le fait en remontant une à une les briques d'une maison écroulée. Il s'agissait bel et bien de construire sur des bases neuves que je n'avais pas choisies.

C'est un défi épouvantable. D'abord parce que c'est la même personne dont il s'agit. C'était bien moi, bien mon esprit, mes pensées, mes sentiments. Mais la continuité que j'éprouvais dans ma tête et dans mon cœur devait gérer une discontinuité de ma condition physique. Le risque de schizophrénie existe.

Surtout, depuis mon enfance, j'avais été habituée à guider ma vie, à l'orienter selon les choix que je faisais. Progresser en piano avait été une ascèse, mais c'est moi qui l'avais voulu. Me mettre au service des autres pendant la guerre comportait un certain nombre de risques, mais je m'y étais exposée sciemment. Partout, à l'école, dans ma famille, avec mes amis, dans la Résistance, j'avais été « leader ».

Désormais, je n'étais plus maîtresse de mon corps. Je ne pouvais plus faire tout ce que je voulais. D'utile aux autres, je devenais dépendante des autres. De maîtresse de ma vie, j'avais à entrer dans une démarche d'abandon. Comme nous y invite saint Paul, c'est dans mes faiblesses, et non plus dans ma force, que j'avais à placer mon orgueil. C'est simple à écrire sur le papier ; c'est autrement compliqué à accepter dans la réalité.

Il me fallut d'abord me rétablir physiquement. Ou plutôt limiter les dégâts. À ma libération, je ne pouvais plus tenir seule sur mes jambes. La douleur ressentie dans la colonne vertébrale était trop forte. Mes nerfs étaient sans cesse à vif. Mes libérateurs m'avaient ramené à Paris. Il n'était pas question pour ma famille de me voir dans cet état. L'occupation avait passé sans que personne, hormis ma grand-mère, ne soit au courant de mes agissements. Une question de pudeur autant que de prudence. Mon absence prolongée avait sans doute alarmé mes proches, mais ils étaient habitués mes disparitions inexpliquées pour des périodes plus ou moins longues.

Libérée, j'avais donc hâte de retrouver ma famille. Mais jamais je n'aurais pu raconter ce qui m'était arrivé. Jamais je n'aurais pu exposer ma mère au choc de me retrouver dans cet état de délabrement physique. Je fus donc d'abord conduite à l'hôpital où je restai plusieurs semaines. Les équipes de neurologues furent exceptionnelles et obtinrent des résultats incroyables, me faisant récupérer en motricité et apaisant progressivement mes douleurs.

Mais le chemin fut long, très long. Et, malheureusement inachevé.

Durant huit années, j'ai multiplié les séjours à l'hôpital et dans un centre antidouleur des Yvelines. Des séjours réguliers, de plusieurs semaines à chaque fois.

Comme souvent, comme en tout, c'est dans la prière, par la prière, que j'allais pouvoir me libérer de moi-même pour me revêtir de la vraie liberté, celle que donne le Christ.

« Ma vérité vous rendra libre », dit-il. J'ai pris conscience dans ces instants de ma reconstruction que c'est en acceptant la vérité sur ce que j'étais devenue que j'accéderais à la liberté de l'esprit et à la paix du cœur. Souvent j'ai pensé, et je pense encore à cette adresse de Jésus à saint Pierre qui est autant une promesse qu'un avertissement : « Quand tu étais jeune, tu mettais toi-même ta ceinture et tu allais où tu voulais ; quand tu auras vieilli, un autre te ceindra et te mènera où tu ne voudrais pas. » Cette prédiction serait insupportable, entre cynisme et sadisme, si on oubliait qu'elle intervient juste après la triple interrogation de Jésus, « Pierre m'aimes-tu ? », à laquelle celui-ci finit par répondre : « Seigneur, tu sais tout, tu sais bien que je t'aime. » Dès lors que la confiance est rétablie entre eux et que l'amour le plus fort préside à leur relation, la perspective d'être conduit là où on ne veut pas n'est pas une menace, mais une assurance. C'est ainsi que je l'entendais pour moi-même.

Un jour, je me suis dit que je n'avais pas à regretter ce que je n'étais plus ou que j'aurais pu être, mais à aimer ce que j'étais et à rechercher ce que je devais être. Mais ce fut un long chemin, qui n'eut rien d'immédiat. Condition d'une rédemption et lieu à la fois de tous les combats.

L'événement qui m'a le plus aidé à accueillir cette démarche fut ma rencontre avec la famille dominicaine. C'était en 1950. Des amis m'avaient convaincue d'aller au pèlerinage du Rosaire à Lourdes organisé par les dominicains. La guerre était encore proche, et mes souffrances physiques étaient encore élevées. Je participai donc à ce pèlerinage le plus souvent allongée sur un brancard. À Lourdes, je n'étais pas la seule… Je fis la rencontre d'un prêtre avec qui j'eus de longs entretiens. Il m'apprit que la devise de son ordre était *Veritas*. Ce mot, si simple mais si central, m'a littéralement transpercée. Si j'avais pu, j'aurais sauté de mon brancard pour proclamer cette vérité qui, pour un chrétien, est d'abord une personne, le Christ qui s'est présenté lui-même comme « le chemin, la vérité, la vie ».

Je me suis sentie en totale adéquation avec la spiritualité et la manière de voir des disciples de saint Dominique. J'y trouvais la réponse évidente à mon goût pour la réflexion théologique, pour l'argumentation. La foi, pour moi, ne devait pas se laisser enfermer dans ce que j'appellerais l'esprit bigot. La prière ne doit pas s'opposer au travail de l'intelligence ; la liberté n'est pas antinomique de la vérité. C'est cela que j'ai trouvé chez les dominicains. Comme je n'étais pas religieuse, c'est le tiers ordre dominicain que j'ai rejoint et dans lequel je me suis fortement impliquée. Avec mon amie d'enfance Madame Carron de la Carrière, nous avons mis en place et animé le tiers ordre sur tout le secteur de Saint-Germain.

Compte tenu de mon aventure, c'est au sein de la Fraternité dominicaine des malades que j'ai principalement cheminé. Très vite, j'ai multiplié les enseignements et les commentaires de l'Écriture que je fréquentais avec assiduité.

Cette nouvelle étape de ma vie est passée par un double et coûteux renoncement : à la musique et à une famille.

C'est bien sûr par le piano que je pris conscience de mes nouvelles incapacités.

Lorsqu'à la fin de la guerre, je retrouvai Bonnes, je m'assis devant le clavier du vieux piano droit où je m'étais tant exercée et où j'avais tant joué. Dès le premier accord, la cause fut entendue, mes doigts ne suivaient plus. Dans ma tête, la partition défilait couramment ; j'entendais la musique. Sous mes doigts, les enchaînements devenaient laborieux, les sons secs et durs. C'était Bach ou Beethoven qu'on assassinait. Que j'assassinais. Premier exemple se passant de tout commentaire, prouvant que ce que je pouvais n'avait plus rien à voir avec ce que je voulais. Le choc fut humiliant, désespérant, attristant, crucifiant.

Je l'ai écrit au début de ce livre. J'étais peut-être programmée pour une carrière de concertiste. En tout cas, le piano était ma vie, la musique mon mode d'expression courant. C'en était fini. Ce renoncement fut terrible à accepter. Durant des années, entendre jouer du piano me faisait pleurer. De rage et de regret.

De nombreuses fois, après la guerre, j'ai tenté de rejouer. Avec le secret espoir de constater des progrès. Même minimes. En vain. Je m'en ouvris un jour au docteur qui me suivait : « Dites-moi franchement, rejouerai-je un jour comme avant ? » Sa réponse fut d'une franchise salutaire : « Non, comme avant, jamais ! » Jamais : y a-t-il mot plus sinistre que celui-ci ?
Je l'ai dit, ma tristesse était profonde, immense. Et je savais à qui je devais d'en être là. Mais pour autant, je n'en voulais à personne. Cela, de toute façon, n'aurait servi à rien et ne m'aurait pas rendu

mes doigts. Mais à aucun moment, je crois pouvoir le dire sans exagérer, je n'ai transformé ma peine en haine, ni nourri de ressentiment personnel contre ce Léo et ces bourreaux qui m'avaient frappée durant ces semaines de captivité. Je n'en étais certes pas encore à l'idée de pardon. Là aussi, c'est un long chemin. Et le pardon ne s'exerce pas dans l'absolu ou dans le vide ; il faut une personne précise à qui l'adresser, ou de qui le recevoir. Mais en plus de mon corps meurtri, mon cœur n'était pas flétri par le désir de vengeance.

Quelques années plus tard, un médecin allemand s'est assigné pour mission de me rendre les facultés musicales qu'un autre médecin de sa patrie m'avait ravies. Il voulut me remettre au piano. Mais à quel prix ! Tranquillisants, médicaments en tous genres. Pour un résultat improbable, et de toute façon inachevé, j'allais forcer le destin. J'allais déployer une énergie démesurée, disproportionnée, pour me réapproprier par mes seules forces ce dont j'étais privée. Au fond de moi, cela sonnait faux. Le vocabulaire musical et le vocabulaire spirituel ou moral se rejoignaient pour me souligner que ce que je recherchais ne sonnerait pas juste. La liberté ne se gagnerait pas dans le déni de la réalité. J'ai senti alors que ma libération physique et intérieure passait par un devoir de vérité : assumer jusqu'au bout ce que j'étais devenue. Ce que je n'étais plus, je devais accepter de le donner pleinement. Pour être capable de reconstruire.

Pour accomplir cette démarche, je ne trouve pas d'autre mot que celui de grâce. Car d'un point de vue humain, le renoncement au piano était purement insupportable. L'accueil de cette grâce par un tempérament spontanément volontariste est ce qui m'a permis d'aller de l'avant. Et de faire en sorte que mon expérience ne passe pas entièrement par pertes et profits. Faute de pouvoir jouer, je pouvais transmettre. Faute de briller moi-même, je pouvais aider les autres à progresser. Faute d'être encore capable de me faire plaisir, j'avais le moyen d'éveiller les autres au plaisir de la musique.

Dès que j'ai recouvré un minimum de stabilité physique, je suis donc devenue répétitrice. Pas professeur au sens strict du terme : je n'avais pas les diplômes nécessaires.

Mais mon aptitude à écouter, un grand sens de la pédagogie – si j'en crois ce qu'on me disait – m'ont permis d'offrir une assistance précieuse à des élèves du Conservatoire.

Je recevais plusieurs élèves par semaine, rue de la République, à Saint-Germain-en-Laye. Je les faisais travailler, les aidant à acquérir une méthode solide. Aucun de ceux que j'ai fait avancer n'a raté un examen.

L'enseignement est aussi ce qui m'a aidée à sublimer l'autre blessure résultant des traitements subis en captivité : l'impossibilité de fonder une famille.

Petite fille, puis jeune fille, j'ai toujours porté l'envie de me marier, et surtout d'avoir des enfants.

Un jour, peu avant la guerre – j'avais donc dix-sept ou dix-huit ans –, un voisin de Bonnes m'avait lancé : « Vous, vous êtes faite pour avoir dix enfants ! » C'était sans doute vrai. J'avais une bonne condition physique. J'aimais les enfants et la perspective de faire tourner une maison me stimulait plus qu'elle ne m'effrayait. Enfin, tout en désirant nourrir une vie spirituelle intense, je n'ai jamais senti d'appel spécifique à une vocation religieuse. Donc, oui, fonder une famille était un de mes espoirs les plus forts. Il y a soixante ans, les jeunes étaient moins audacieux et moins pressés qu'aujourd'hui, mais je peux confier qu'un projet commençait de se dessiner.

La guerre a tout balayé. Le désir n'était pas mort, mais mon corps ne suivait plus. Les souffrances permanentes m'interdisaient d'envisager une grossesse. Depuis 1944, je ne peux vivre qu'à condition de plusieurs heures de repos total par jour. Chaque instant est un instant arraché à la souffrance. Nerveusement, physiquement, mentalement, je n'ai plus la force d'affronter le tourbillon permanent d'une famille, la charge d'une maison. Construire une vie à plusieurs, à cela aussi, il fallut donc que je renonce.

Ce fut pour moi un crève-cœur. Ma vie courante n'était plus la vie courante de tout le monde. Désormais, ma vie tournait au ralenti. Je ne peux plus marcher longtemps, faire mes courses toute seule... Parmi les victoires remportées, je compte ma réussite au permis de conduire. J'ai tenu à le passer. Je n'ai rien dit de mon état à l'examinateur. Je prenais mes leçons le corps pris dans un corset. La position assise dans un fauteuil est de surcroît la plus confortable pour moi.

Un des médecins qui m'ont suivie m'a dit un jour : « Vous avez une nature positive. Je sais que vous irez jusqu'au bout de vos possibilités. »

C'est ce que je m'efforçais de faire.

J'ai toujours aimé transmettre ce que je vivais, ce que je savais, ce que je croyais. Faute d'avoir eu des enfants, j'ai essayé d'être disponible pour les enfants des autres. J'ai ainsi essayé de l'être pour mes neveux et les enfants de mes cousins. Certains venaient me voir presque tous les dimanches à Saint-Germain-en-Laye. Des liens profonds et authentiques se sont tissés. Certains m'ont prise pour confidente et je crois les avoir aidés à avancer dans la vie.

Une histoire particulière s'est nouée avec une petite de nos voisines, Monique, qui vivait avec sa mère, son père étant parti. Nous les aimions bien. Sa mère tomba malade et mourut assez rapidement, laissant Monique seule, alors qu'elle n'avait que treize ou quatorze ans. C'était, autant qu'il m'en souvient, au début des années soixante. Maman était donc encore vivante et nous avons accueilli Monique. Je ne l'ai pas formellement adoptée. C'eut été à tout point de vue impossible, mais je l'ai vraiment considérée et élevée comme ma fille. Elle avait, et a toujours, un caractère très généreux et bienveillant. Cette maternité de substitution que j'ai en partie exercée durant plusieurs années m'a donné beaucoup de joies, la moindre n'étant pas qu'elle apprit le piano et témoigna d'un talent bien réel.

Au-delà de ces liens familiaux ou privilégiés, l'enseignement fut ma manière de continuer à me donner aux autres. Là encore, il m'était devenu impossible de me couler dans un rythme normal. Quand on sait la résistance nerveuse et l'endurance nécessaires à un professeur pour tenir une classe, on comprend que je ne pouvais pas exercer dans des conditions normales le métier de professeur.

J'aimais la philosophie. À mon bac, j'avais obtenu 18,5/20 à ma dissertation sur le thème de... la souffrance ! J'avais donc envie de transmettre cette passion, confortée par ma rencontre avec la famille dominicaine. Comme pour le piano, j'ai joué un rôle de répétiteur à domicile. Dans le cadre d'un accord spécifique avec l'Éducation nationale, préparé par le recteur de Versailles, j'enseignais la philosophie à des élèves suivant une filière artistique, musicale, notamment, et qui donc n'avaient pas une scolarité complète dans un certain nombre de matières, dont la philosophie. Eux non plus ne ratèrent aucun examen.

D'une manière que je n'imaginais pas, j'ai donc trouvé une manière d'être utile.

C'est aussi pour cela que mon cœur n'a jamais été dominé par le ressentiment, le regret d'un passé à jamais révolu, l'amertume d'un futur impossible, la jalousie envers ceux qui pouvaient construire leur vie comme ils l'entendaient, ni même la rancœur contre ceux qui avaient brisé la mienne.

Ceux qui m'avaient conduite là m'avaient privée de certaines facultés, bouché certains horizons. D'autres s'étaient ouverts devant moi. Mon devoir, après comme avant, était d'assumer au mieux de ce que je pouvais les circonstances qui se présentaient à moi, et d'y donner le meilleur de moi-même.

Je l'ai souvent dit en rendant mon témoignage : je ne voulais pas faire de ma vie une tragédie. On ne donne rien quand on cherche à se faire plaindre. Une vie n'est pas féconde si elle est refermée sur elle-même. Un témoignage n'est rien s'il n'est que la mise en scène de soi-même. Une page de ma vie s'est tournée en 1944. C'est un nouveau chapitre que je devais désormais écrire. Si j'ai accepté, après tant d'années de raconter ce que j'ai vécu, ce n'est pas pour recevoir quelque brevet de résistance ou quelque laurier de bravoure. Mais uniquement pour aider ceux qui traversent le tunnel du doute à apercevoir la flamme de l'espérance, pour montrer à ceux qui ont connu l'humiliation que le pardon est possible.

Car c'est cela, et uniquement cela qui est au cœur de mon histoire : le pardon offert à celui qui fut mon bourreau et qui surgit à nouveau dans ma vie quarante ans après.

Épilogue

Seul le pardon guérit

L'épine qu'il me restait dans la chair n'était pas celle que je croyais. Quarante après la guerre, la souffrance restait inscrite dans mon corps, me faisant sentir chaque jour et chaque nuit, les limites qui étaient désormais les miennes. Mais il n'y avait pas que cela.

J'avais reconstruit ma vie. Par l'enseignement, par toutes les formes d'engagement pris au fil des années, j'avais voulu mettre tout ce qui me restait de facultés au service des autres. J'avais retrouvé la capacité d'être heureuse et, je l'espère, de rendre heureux. J'avais en moi une forme de joie qui, pour être débarrassée de toute insouciance n'en était pas moins authentique. J'étais toujours en vie, surtout, prête à témoigner de ses grandeurs et de ses beautés.

Mais il me restait toujours cette épine dont parle l'apôtre Paul qui m'empêchait de croire que j'en avais fini avec mon passé.

Il y avait cet homme à qui je pensais toujours. Ce Léo dont le regard et la voix restaient gravés en moi et dont je me sentais responsable. Oui, responsable. Je ne lui devais rien, sinon mon triste état physique, mais j'étais angoissée à l'idée que cet homme puisse mourir enfermé dans le mal dont il s'était fait l'instrument et le complice.

Tout au long de ma vie, j'ai gardé la foi. Ou plutôt, la foi m'a gardée. Préservée du désespoir. Mais lui, qu'était-il devenu ? Qu'avait-il fait de sa vie ? Comment en conscience jugeait-il ses actes passés ? Je ne voyais alors que deux solutions : soit il ne se repentait pas du mal qu'il avait commis, et alors il risquait de mourir dans l'aveuglement ; soit il en prenait conscience un jour, et alors il risquait d'être submergé par son propre remord.

Il fallait, pensai-je une parole extérieure qui l'aide à se détacher du mal et à s'en délivrer. Et j'avais la folie de croire qu'une responsabilité particulière m'incombait, à moi qui étais passée entre ses mains mortifères.

Mais évidemment, depuis ce matin de février 1944, je n'avais plus eu aucune nouvelle de lui et n'en avais pas cherchée. En lisant des récits sur la guerre, je me demandais si, à tout hasard, il ne serait pas question de lui. Mais sans conviction excessive.

Sa place était désormais dans ma prière. Je crois à la communion des saints et j'étais persuadée que, d'une manière dont je n'aurais peut-être jamais connaissance, le Seigneur trouverait le moyen d'agir en lui. Ma manière de vouloir son salut était de vouloir vaincre aussi le mal qui était en moi et dont j'étais moi-même complice. Car, il n'y a pas les bons et les méchants, les victimes et les bourreaux, les saints et les pécheurs. Il n'y a que des êtres humains, tous marqués par le péché et tous capables d'être sauvés si on laisse le Christ agir en soi. Ou si, du moins, on en a le désir.

Avec nos yeux humains, nous établissons des hiérarchies entre les personnes, des échelles de jugement. Nous établissons des différences infinies. À la mesure de Dieu, personne ne vaut grand-chose. Ou plutôt, nous avons tous un prix infini à ses yeux. Notre prix vient de là : non ne valons pas ce que valent nos mérites, nous valons le poids d'amour mis en nous par Dieu. Léo comme moi.

Depuis 1944, je ressentais un grand sentiment de compassion. Près d'un demi-siècle plus tard, j'ai relu, pour un documentaire télévisé, le texte de la Passion selon l'évangile de saint Marc, au côté du jésuite Michel Farin.

En reprenant la phrase de Jésus sur Judas, après que celui-ci l'a livré aux Romains : « Mieux eût valu pour cet homme-là ne pas naître », j'ai compris qu'il ne s'agissait pas d'une phrase de condamnation, mais de compassion.

Il confiait sa tristesse de voir où avait pu être conduit l'un de ceux qu'il avait choisis comme apôtres. C'est cela que j'ai ressenti pour Léo, dans un premier temps : la tristesse devant le gâchis d'une vie dévoyée.

De la compassion, je suis passée au désir du pardon. Un désir fou, quasi obsessionnel. D'autant plus fou que je le croyais impossible à concrétiser. Bien des années plus tard, alors qu'une forme d'habitude s'était réinstallée dans ma vie, je me suis posé la question : ai-je vraiment pardonné ? Ai-je pardonné en vérité ? Léo était loin de moi. Les chances de le revoir étaient quasi nulles. Dès lors qu'est-ce que cela me coûtait de me dire que je lui avais pardonné ? Qu'est-ce que cela engageait de moi-même ? Pas grand-chose finalement.

Voilà pourquoi la rencontre du printemps 1984, que j'ai racontée au début de ce livre, fut un choc si fort pour moi. À travers cet épisode incroyable, dont je ne suis toujours pas revenue, le Seigneur me prenait au mot. Alors que je ne pouvais plus faire courir mes mains sur le clavier, j'ai compris que le pardon était une partition à quatre mains que l'on jouait avec le Seigneur. Sans lui, sans le sentiment constant de sa présence à mes côtés, je n'aurais jamais pu supporter le choc de cette confrontation quarante ans après. Mais Lui, tout puissant qu'il est, choisit de passer par des êtres limités, pauvres et pécheurs, pour rejoindre les autres hommes. À plus de soixante ans, j'en ai fait l'expérience vivante. C'est elle qui m'a donné la paix et la joie.

Vingt ans après ce pardon donné à Léo, ma vie tire vers sa fin ; mes dernières forces se retirent sur la pointe des pieds. Mais cette grâce unique continue de m'illuminer. Que cette lumière, désormais, se transmette de cœur en cœur.

Pour moi, habitée par la confiance en Celui qui m'a créée, m'a toujours guidée et aujourd'hui m'attend auprès de lui, il ne reste qu'à murmurer la prière du vieillard Siméon accueillant l'enfant Jésus dans le Temple de Jérusalem :

« Maintenant, ô maître souverain,
Tu peux laisser ton serviteur s'en aller
En paix selon ta parole.
Car mes yeux ont vu ton salut
Que tu préparais à la face des peuples. »
(Lc, 2, 29-31)

Annexe

La Passion selon saint Marc

Comme Kim Phuc ou Annie Maguire, c'est en cherchant à vivre selon l'esprit de l'Évangile que Maïti Girtanner a trouvé un chemin qui mène au pardon.

C'est à ce titre, et avec l'aimable autorisation de l'auteur, que nous proposons aux lecteurs de lire, ou de relire, le dialogue autour de la Passion selon saint Marc, réalisé en 1998, et dont on retrouve de larges extraits dans le film *Résistance et pardon*.

Le texte courant donne les commentaires de Maïti. En italique : les questions de l'interviewer. En gras : les passages d'évangile.

Annonce de la trahison

« Le soir venu, il arrive avec les Douze. Et tandis qu'ils mangeaient, Jésus dit : « En vérité, je vous le dis, l'un de vous me livrera, un qui mange avec moi. » (XIV, 17)

« L'un de vous qui mange avec moi », c'est-à-dire : un de mes proches, un de mes amis que j'ai choisi, aimé. En écho, il y a le psaume 41 :

« Même le confident
sur qui je faisais fond
et qui mangeait mon pain
se hausse à mes dépends. »

Ils devinrent tout tristes et se mirent à lui dire l'un après l'autre : « Serait-ce moi ? » Il leur dit : « C'est l'un des douze, qui plonge avec moi la main dans le même plat. Oui, le Fils de l'homme s'en va selon qu'il est écrit de lui ; mais malheur à cet homme-là par qui le Fils de l'homme est livré ! Mieux eut valu pour cet homme-là de ne pas naître ! » (XIV, 19)

« Mieux eût valu pour cet homme-là de ne pas naître ! » : il y a trente ou quarante ans je le ressentais plus comme une condamnation. Et puis, j'ignore si c'est par grâce ou en vieillissant que j'arrondis les angles. J'entends plus désormais Jésus dire une parole de compassion : « Mais, c'est affreux, quel dommage que cet homme en soit arrivé là ! »

Oui, et vous m'avez raconté qu'après votre arrestation vous demandiez ça à votre bourreau.

« Mais comment en êtes-vous arrivé-là ? » C'est vrai. Celui qui nous gardait était très jeune. Il était peu près de ma génération. J'avais vingt et un ans, lui en avait vingt-six. Les autres prisonniers étaient plus âgés. J'avais été frappée de voir cet homme jeune dans la situation de bourreau. Alors que je pouvais encore parler (car plus tard ce n'était plus possible), cette égalité d'âge m'avait amenée à lui dire : « Mais comment en êtes-vous arrivé là ? »

Et je ne lui parlais pas ainsi sur le ton de la condamnation ou de la vengeance. C'était sur le ton du désespoir et de la compassion, l'aır de dire : « Mais c'est affreux que cet homme ait été formé à un point de devenir un loup pour l'homme. »

C'est une parole qui est un appel.

Par association d'image, j'ai le mot dévoilement en tête. Comme si quelque chose devait s'ouvrir et permettre à la vérité de se faire jour. Le bourreau ne connaît pas le mal ; le jour où il le découvre, il fait un grand pas vers la vérité. Alors, peut-être a-t-il la possibilité de rebrousser chemin vers une forme de repentir. Il ne s'agit pas d'un regret : c'est trop peu. Mais le repentir c'est beaucoup plus. Le repentir c'est poser un acte alors que le regret n'est qu'une velléité.

Et justement, ce n'était pas une parole qui l'excluait.

Non, dans mon idée, cela n'a jamais été une parole qui l'excluait. J'essayais de comprendre, et je ne comprenais pas.

Celui qui est dans le malheur n'est pas celui qu'on croit.

Oui, c'est l'autre. J'ai toujours pensé que le malheur était plus du côté du bourreau que du côté de la victime.

Oui, mais ce n'est pas évident.

Ce n'est pas évident. Et c'est une des raisons pour

laquelle j'ai clamé depuis près de cinquante ans : « Priez pour les bourreaux avant de prier pour les victimes ! » Pour les victimes aussi, bien sûr : Dieu sait si elles en ont besoin ! Mais dès mes vingt ans, je tiens très fortement à cette compassion : le grand malheur est du côté des bourreaux. Je l'ai vécu et je le vis encore puisque je prie toujours pour mes bourreaux. Dans un être en état de malheur, je vois Dieu qui se précipite. Et dans une proximité si grande qu'à certains moments, fugitivement, comme un flash en un quart de seconde, il y a une présence qui est un peu ressentie.

Et qui du coup peut être ressentie aussi par l'autre, celui qui est prisonnier du meurtre.

Tellement ressentie par l'autre ! Cet officier allemand, avec qui je dialoguais, (car je parlais sa langue), entendant ces paroles. Il était d'éducation catholique et de souche autrichienne. Quarante après, lorsque je l'ai revu, l'homme était au bord de la mort et me recherchait pour en parler avec moi. « Pourquoi aviez-vous dit cela ? Quand vous parliez de Dieu, est-ce que vous parliez dans ce sens-là ? », me demandait-il. Ces paroles le tenaient depuis qu'il nous gardait incarcérés ; il les avait entendues avec mes pauvres mots et ma jeunesse. Comme l'huile, elles l'avaient pénétré.

Comme vous dites, c'est comme si une présence l'avait touché.

INSTITUTION DE L'EUCHARISTIE

Et tandis qu'ils mangeaient, il prit du pain, le bénit, le rompit et le leur donna en disant : « Prenez ceci est mon corps. » Puis, reprenant une coupe, il rendit grâces et la leur donna, et ils en burent tous. Et, il leur dit : « Ceci est mon sang, le sang de l'alliance qui va être répandu pour la multitude. En vérité, je vous le dis, je ne boirai plus du produit de la vigne jusqu'au jour où je boirai le vin nouveau dans le royaume de Dieu. » (XIV, 22)

On entre dans la dimension du sacrifice. Enfin, je ne l'ai pas pensé en ces termes lorsque j'avais vingt ans. Mais nous avions vu tant de camarades pris ou morts qu'au fond de nous nous étions persuadés qu'ils étaient sacrifiés pour sauver ce qui pouvait l'être de leur pays, de la terre de leurs ancêtres, de la patrie. Puis, quand un sentiment plus spirituel m'a pénétrée – ce qui est arrivé assez vite, notamment dans cette cave où nous avons été séquestrés –, j'ai pensé beaucoup à la présence de Dieu. Puisque j'allais mourir, et ne plus recevoir jamais la communion, je pensais à une forme de communion spirituelle. Avec l'imminence de la mort, je me souviens d'y avoir pensé très vite et d'en avoir parlé aux personnes incarcérées en même temps que moi. Nous étions dix-neuf hommes et femmes ensemble, très prostrés devant ce qui nous arrivait. J'étais la plus jeune, je devais avoir plus de force pour instaurer une petite conversation : qu'au moins nous échangions, nous risquions la parole pour ne pas devenir fou. Alors je voulais parler de Dieu, mais comment ? Je ne sais plus vraiment avec quels mots, mais je me souviens très bien avoir parlé de la présence de Dieu qui pouvait être réelle dans chacun de nous sous la forme de la communion spirituelle. J'ai donc fait un minuscule enseignement sur la communion spirituelle, sur cette eucharistie qu'on pouvait recevoir spirituellement même si elle est invisible.

À Dieu tout est possible. Et c'est à ce moment-là que l'expression que j'emploie depuis cinquante ans m'est venue : la crypte du cœur. Je m'entends encore dire que rien n'est impossible : Jésus-Christ peut venir comme il veut dans la crypte du cœur. Dans la mesure où nous nous y ouvrons : il ne va pas nous violer, ni enfoncer la porte. Qu'on le veuille ou non, il est à côté de nous. Mais il peut être beaucoup plus que cela dans cette proximité tellement grande : il peut être en nous.

Annonce du reniement de Pierre

Après le chant des psaumes, ils partirent pour le mont des Oliviers. Et Jésus leur dit : « Tous vous allez succomber, car il est écrit : je frapperai le pasteur et les brebis seront égarées. » (XIV, 26)

Ces paroles de Jésus sont directement empruntées à Zacharie, où il est dit : « Je veux frapper le pasteur pour que soient dispersées les brebis (13,7). » « Je les retirerai de tous les lieux où elles furent dispersées au jour de nuée et de ténèbres. »

Nacht et Nebel : nuit et brouillard, les deux mots allemands qui désignaient le programme des camps d'extermination. Ici, nous sommes bien dans la préparation de l'extermination de Jésus. Et les trois disciples sont dans l'inconscience : ils vont se réveiller dans la nuit et le brouillard. Jésus, en ce qui le concerne, a perdu, lui aussi, une partie de ses repères : il sait qu'il va mourir. Il n'a plus ce réconfort lorsqu'il pouvait s'écarter pour prier avec son Père, se recharger. Il prie, mais dans la nuit.

A GETHSÉMANI

Ils parviennent à un domaine du nom de Gethsémani, et il dit à ses disciples : « Restez ici tandis que je prierai. » Puis il prend avec lui Pierre, Jacques et Jean, et il commença à ressentir effroi et angoisse. Et il leur dit : « Mon âme est triste à en mourir ; demeurez ici et veillez. » (XIV, 32)

Nous avons connu des moments presque de désespoir. Lorsque nos compagnons étaient pris ou que nous mettions en danger des paysans qui nous aidaient, c'était vraiment catastrophique. Non seulement nous avons vécu avec la peur au ventre mais avec un chagrin très profond. Je dis presque de désespoir, pas complètement toutefois : ce que nous faisions servait et la fin devait être glorieuse. Les faits l'on montré. J'ai failli ne pas en voir l'issue mais j'ai survécu. Lorsque je fus prise en 43, tous ceux qui étaient avec moi avaient déjà disparu. J'étais la seule du lot. Alors on a vécu des choses terriblement dures.

Et il disait : « Abba (Père) ! tout t'est possible : éloigne de moi cette coupe ; pourtant pas ce que je veux, mais ce que tu veux ! » (XIV, 36)

Quand Jésus dit à son Père : que ta volonté soit faite et non la mienne, il prend position. Il a compris qu'il devait laisser à son Père les événements tels qu'ils devaient se passer. Et son heure était venue. Il devait être assez intelligent pour se rendre compte que l'étau se resserrait depuis un moment autour de lui. Maintenant l'étau se referme et le voilà pris. On sent venir cela. Moi, je l'ai vécu. En 43, plusieurs mois à l'avance, je sentais que je serai prise. Je ne savais pas quand, mais de plus en plus de nos camarades étaient arrêtés ; et, à un moment, il y a eu la grande razzia : la Gestapo avait compris comment fonctionnaient les réseaux de résistance. Ils ont coupé les têtes partout. Et tous ceux qui ont survécu, tous ont dit ce que je ressentais de mon côté, que la sortie de la nasse devait être de plus en plus étroite. Sans savoir quand ni comment. Et là, pour Jésus, c'est pareil, là il est dedans, maintenant il est pris. Et que « les écritures s'accomplissent ». S'ouvre alors le quatrième chant du serviteur souffrant du prophète Isaïe :

« Voici que mon serviteur prospérera,
il grandira, s'élèvera, sera placé très haut.
De même que les multitudes avaient été saisies d'épouvante à sa vue
- car il n'avait plus figure humaine,
et son apparence n'était plus celle d'un homme… »

Jésus devant Pilate

Pilate l'interrogea : « Tu es le roi des Juifs ? » Jésus lui répond : « Tu le dis. » Et les grands prêtres multipliaient contre lui les accusations. Et Pilate de l'interroger à nouveau : « Tu ne réponds rien ? Vois tout ce dont ils t'accusent ! » Mais Jésus ne répondit plus rien, si bien que Pilate était étonné. (XV, 2)

Ce silence vient d'une part de la contradiction des témoignages qui ne permettaient pas de faire la vérité, et d'autre part du fait que Jésus ne veut pas se justifier. Ce silence est un silence de dignité.

Oui, vous évoquiez qu'à certains moments vous étiez dans ce silence.

Là, on sent l'affrontement des puissances du mal et de la haine que seule l'aide du Père peut aider à surmonter. Et Jésus, là encore, inaugure cette voie que nous devrons suivre chacun selon notre grâce et selon notre vie.

Pilate leur répondit : « Voulez-vous que je vous relâche le Roi des Juifs ? » Ils se rendaient bien compte que c'était par jalousie que les grands prêtres l'avaient livré. Cependant, les grands prêtres excitèrent la foule à demander qu'il leur relâchât plutôt Barabbas. (XV, 9)

Les grands prêtres ont eu peur de cet homme qui se posait en réformateur par rapport à ce qu'ils prêchaient et préconisaient. En outre, Jésus dans son activité messianique allait vers les pauvres, les opprimés et les exclus. Il faisait une évangélisation aux frontières, à l'opposé du sanhédrin. C'est pourquoi la jalousie éclate : « Il réussit à toucher des gens que nous n'avons jamais réussi à toucher. »

Oui, c'est une phrase centrale du procès. Pilate perçoit alors que sa sentence va être fausse car elle ne correspond pas à ce qu'il perçoit. Non seulement les prêtres sont jaloux du pouvoir de Jésus, mais ils sont aussi jaloux de l'esprit qui anime Jésus.

Oui, de l'option messianique qu'il a prise, de ses choix et de sa liberté créatrice.

Les Allemands ont été jaloux d'être roulés par vous : une fille de vingt ans, virtuose au piano par « camouflage ». Éclate chez eux la jalousie d'une liberté qu'ils ne peuvent pas avoir. Ils sont enfermés dans leur toute-puissance. Alors du coup, c'est toute cette humanité de Dieu qui est insupportable : je n'arrive pas à jouer du piano, je vais détruire la pianiste.

Oui. Ils étaient assignés à certaines frontières que Jésus a enjambées royalement, en fils de Dieu. Pour aller vers les autres, vers tous les autres. Ces autres que le sanhédrin, les scribes et les prêtres ne touchaient pas. Jésus était un hors-la-loi. Il y a une grande différence entre le prisonnier de guerre et celui qui résistait. Et cette différence se retrouvait dans les termes : les Allemands ne nous appelaient pas des résistants, ils nous appelaient des terroristes.

Pilate alors voulant contenter la foule, leur relâcha Barabbas et, après avoir fait flageller Jésus, il le livra pour être crucifié. (XV, 15)

Alors, le seul ordre de Pilate est une flagellation : une forme de correction. Il fait un petit geste, mais vraiment un petit geste.

Quoi qu'on sache que la flagellation peut être terrible : elle se déroulait avec des lanières de cuir ou à travers la bastonnade – nous l'avons connue dans la Résistance. En général, les résistants étaient achevés par une bastonnade. C'était vraiment frapper pour tuer.

Mais alors, vous face à cela, vous n'avez jamais eu de la haine ?

Non. J'avais conscience que je m'étais lancée librement dans cette voie et que cette voie comportait des risques mortels.

J'ai pris conscience de la gravité des risques petit à petit, mais dès le départ, je savais que le risque de mort était tout proche. J'ignorais quelle mort. Et c'est seulement lorsque nos camarades étaient pris au fur et à mesure que l'on a appris quelles pouvaient être les différentes formes de mort.

Notre angoisse et notre peur augmentaient mais ne nous ont jamais arrêtés. Nous n'éprouvions aucune haine : c'était le jeu. D'un côté, il y avait nous, les résistants, et de l'autre, l'ennemi. Le jeu, c'était de vaincre l'ennemi. C'était dans l'ordre des choses : l'on était pris, l'on devait mourir.

LE COURONNEMENT D'ÉPINES

Les soldats l'emmenèrent à l'intérieur de palais, qui est le Prétoire, et ils convoquent toute la cohorte. Ils le revêtent de pourpre, puis, ayant tressé une couronne d'épines, ils la lui mettent. Et ils se mirent à le saluer : « Salut, roi des Juifs ! » Et ils lui frappaient la tête avec un roseau et ils lui crachaient dessus, et ils ployaient le genou devant lui pour lui rendre hommage. Puis, quand ils se furent moqués de lui, ils lui ôtèrent la pourpre et lui remirent ses vêtements. (XV, 16)

Pourquoi chercher toujours à atteindre l'honneur de quelqu'un et pas seulement son physique ? C'est vertigineux car ça dépasse totalement les soldats.

Tout à fait. Et malheureusement, on l'a vu se produire plusieurs fois.

Et vous, dans ce que vous avez vécu, avez-vous éprouvé cette atteinte à la dignité ?

Oui, la destruction de la dignité... mais c'était d'une part la dignité d'une femme jeune et aussi celle d'une femme jeune qui « avait fait des choses ». Elle s'était mise, à sa mesure, en travers de la puissance allemande. Au fond, c'était le but de la résistance : entraver ce que faisaient les Allemands contre la France, essayer de contrecarrer leurs projets. Ils ont donc cherché sans cesse l'humiliation : humilier et expliquer, que de toute façon, résister n'avait servi absolument à rien ; c'était ridicule, du temps perdu, une vie perdue.

La preuve ? Ma vie allait se terminer là.

Cela faisait très mal de se dire qu'en pure perte on avait tant peiné pour arriver à faire ceci, à faire cela, à sauver l'un ou l'autre de nos camarades. parfois, c'était même insupportable lorsqu'on vous répète à longueur de journée, en vous tapant dessus que ça n'a servi à rien, que « c'est zéro pour la question » (telle était leur expression qu'on traduirait ainsi en français).

Ce que vous avez fait n'a pas de sens.

Aucun sens, c'était insensé. à la limite, c'était un jeu ridicule, je les entendais même ajouter : « Ridicule et mortel. »

Mais pourquoi tout ce traitement, car ce n'était même pas pour avoir des renseignements ?

Cela l'était, disons, pour une petite partie. Le principal, c'était la punition.

C'est là qu'on touche à quelque chose d'autre, qui est de détruire le sens de quelqu'un.

Leur but : rendre fou et dément, déstabiliser psychologiquement la personne pour qu'elle passe d'un équilibre apparent à un déséquilibre. Ils n'étaient jamais aussi contents que lorsqu'ils parvenaient à mettre au bord de la folie la personne qu'ils avaient entre les mains. Ils faisaient preuve de violence physique par les coups, leurs manœuvres criminelles, dégradantes et humiliantes. Mais ils connaissaient aussi la violence des paroles, la violence des mots. Cela ne se passait pas en silence, pas du tout. Ils parlaient beaucoup : les phrases étaient lancées par les uns et par les autres, comme des javelots ; elles tombaient de tous les côtés. À plusieurs sur moi, ils se renvoyaient la balle, le javelot. Et à chaque fois, ça vous égratignait ou ça vous blessait en profondeur.

LA CRUCIFIXION

Puis ils le crucifient et se partagent ses vêtements au sort. (XV, 16)

C'est une notation. Comme c'était l'usage, les soldats partageaient les dépouilles des condamnés. Rien de plus vis-à-vis de Jésus sauf qu'on lui prend jusqu'à ses vêtements. Dans les camps, la plupart du temps, les personnes, incarcérées pour être torturées, étaient dépouillées aussi de leurs vêtements.

C'étaient une humiliation supplémentaire, une humiliation terrible de se retrouver sans vêtements. D'une certaine manière, on perd son identité : on n'est vraiment plus rien.

Les bourreaux, eux, le savaient bien : une telle méthode pouvait mettre en très grande difficulté ceux qu'ils avaient en face d'eux. Quand ils interrogeaient, par exemple, des résistants pour avoir des renseignements et qu'ils voulaient vraiment les mettre plus bas que terre pour qu'ils craquent, leur première affaire était de les dénuder, hommes et femmes.

LA MORT DE JÉSUS

Quand il fut la sixième heure, l'obscurité se fit sur la terre entière jusqu'à la neuvième heure. Et à la neuvième heure Jésus clama en un grand cri : « Elôï, Elôï, lema sabachtani », ce qui se traduit : « Mon Dieu, mon Dieu, pourquoi m'as-tu abandonné ? » Certains des assistants disaient en l'entendant : « Voilà qu'il appelle Élie ! » Quelqu'un courut tremper une éponge dans du vinaigre et, l'ayant mise au bout du roseau, il lui donnait à boire en disant : « Laissez ! Que nous voyions si Élie va venir le descendre ! » (XV, 33)

Dans la plus extrême des pauvretés physiques, psychologiques et mentales, Jésus montre ce sursaut de la foi pure. Ce chemin qu'il nous déchiffre fait quand même partie de la révélation de ce qu'il est. Il peut être pauvre jusqu'au dénuement le plus complet mais n'entre pas dans l'incroyance.

Vous avez éprouvé cela, c'est-à-dire d'être en enfer sans être dans l'incroyance.

Et plus d'une fois. Je dirais que c'est quelque chose qui m'est habituel : dans une année, c'est très fréquent. Chaque fois que je vis une vague de souffrance très importante, je tombe dans un creux non pas de désespoir mais de détresse telle que, vraiment, c'est le vide, la solitude, le noir.

Plus rien ne me rejoint ; je ne sais pas s'il y a des hommes autour de moi. Je ne sais plus rien. Et pourtant, dans ce tableau qui est totalement noir, il y a une toute petite pointe de lumière quelque part, grosse comme une tête d'épingle, je l'ai toujours remarquée.

Le Seigneur veut-il me dire qu'au-delà de ce noir, il y a justement quelque chose qu'il me faut chercher et trouver ? Mais je ne peux sortir de ce noir complètement toute seule : je fais des efforts comme un nageur en train de se noyer. Dans la mesure où je peux penser – et j'y réussis avec un mot toutes les demi-heures au prix de grands efforts –, l'expérience aidant, je parviens à remonter un petit peu vers la surface. Mais la seule manière de me sortir d'un creux de détresse où plus rien n'a de sens, c'est une présence. La présence d'un proche qui peut venir près de moi et me prend la main comme on prend la main d'un mourant. Un contact est rétabli alors que j'ai l'impression d'être totalement coupée de tout : à se demander même sil y a quelque chose en dehors de soi et de sa douleur ! Telle est l'expérience que je vis...

Mais pendant la Passion, nul n'a tendu la main à Jésus.

Le miracle de la façon dont vous en parlez, c'est que, dans une telle situation, vous n'en vouliez à personne.

Non, c'est exactement cela.

C'est miraculeux.

C'est donné. Mais il y a quand même une certaine logique à cela. Quand j'ai commencé à faire de la résistance, j'avais conscience d'entrer dans une situation périlleuse. C'est pourquoi je ne pouvais pas m'attendre à ce que l'on me fasse de cadeau, de l'autre côté. Ce n'est pas pareil si, par exemple, vous m'agressiez sur-le-champ : il n'y aurait pas de logique. À cette époque, il y en avait une : l'ennemi était en face.

Mais vous pourriez vous en vouloir ?
Ah ! Oui, de m'être mise dans une telle situation ? Ah ! Non, je n'avais jamais pensé à cela ; vous m'y faites penser maintenant, cinquante-deux ans ou cinquante-trois ans après. Ah ! Non, pas du tout, j'ai serré les dents et j'ai continué : c'est tout ce que j'ai pu faire.

C'est la paix.
Mais aussi la conscience, donnée par grâce, d'une mission à accomplir, si petite soit-elle. Même si c'est une mission de fourmi par rapport à l'immensité du désastre qu'était la France, écrasée et même occupée.

(Désignant le chapitre dans l'évangile). Mais chaque fourmi rejoint cette nuit-là.
Chaque fourmi rejoint cette nuit-là. Et il y a des fourmis plus résistantes qui survivent pour pouvoir en parler des dizaines d'années après.

Et vous n'en avez pas voulu à Dieu non plus ?
Ah ! Non, pas du tout. Je n'y ai même pas pensé.

Mon Dieu, mon Dieu, pourquoi m'as-tu abandonné ? (XV, 34)

Ces mots font partie de tout un ensemble complètement fou et inexplicable que l'on vit et traverse quand même.

Parce que cette phrase n'est pas une revendication ?

Absolument pas, c'est une constatation qui n'est ni de l'incroyance ni du désespoir. C'est une profonde détresse : celle du fils qui ne retrouve plus son père au moment où il en aurait tant besoin.

Quand nous avons été pris et que les événements ont vraiment très mal tourné, c'est ce que j'essayais de vivre – quart d'heure après quart d'heure, heure après heure –, en me disant que c'est déjà beaucoup de vivre cela. Si je m'étais projeté dans l'avenir (et je m'y refusais), jamais je n'aurais tenu, ayant souffert de l'avenir en même temps que du présent.

Et comme on le remarque souvent, il continue de dire « Mon Dieu ».

Oui : « Mon ». C'est vrai. Et, cependant, il nous rejoint avec ce verbe « abandonner ». Il rejoint tous ceux qui se croient ou qui sont abandonnés. Tous les abandons, il les prend sur lui ; toutes les solitudes, aussi, et même les pires.

Or Jésus, jetant un grand cri, expira. Et le voile du sanctuaire se déchira en deux, du haut en bas. Voyant qu'il avait ainsi expiré, le centurion, qui se tenait en

face de lui s'écria : « Vraiment cet homme était fils de Dieu ! » (XV, 37)

En même temps que le cri, c'est le voile du temple qui se déchire.

Jésus a été crucifié dehors. Tour le monde pouvait le voir : le Golgotha, dit-on, était un lieu de grand passage. Et lorsque le voile du temple se déchire, l'accès devient libre pour les païens. Auparavant, seul le grand prêtre était autorisé à passer de l'autre côté. Ce voile qui se déchire est très bouleversant. À travers toute la passion, la mort et la résurrection, c'est le thème de l'ouverture qui court. Thème d'autant plus présent que le symbole de la fermeture, c'est le péché. Donc, l'ouverture prend le pas sur la fermeture. Le péché vole en éclat. la signification de ce voile déchiré répond au don total de Jésus. Il a atteint son but : l'accès de Dieu est libre pour tout le monde ; tous pourront passer.

Voyant qu'il avait ainsi expiré, le centurion qui se tenait en face de lui s'écria : « Vraiment cet homme était fils de Dieu ! » (XV, 39)

Le signe, c'est que le premier qui passe est le centurion romain. C'est-à-dire, le bourreau en chef.

Oui, tout à fait. Le centurion était bien placé. puisqu'il a tout vu dans le sens contraire. Il a constaté tout le mal qui avait été fait, entendu et participé à toutes les horreurs et dérisions faites à Jésus. À cela s'ajoute qu'en tant que romain, il ne devait pas aimer les Juifs. Ainsi ce bourreau avait tout pour ne pas croire en Jésus, pour ne pas voir en lui un homme juste. mais la grâce passant, le cri de Jésus retentissant l'a touché de plein fouet. On aimerait savoir ce qu'il est devenu...

LES FEMMES AU TOMBEAU

Quand le sabbat fut passé, Marie de Magdala, Marie, mère de Jacques, et Salomé, achetèrent des aromates pour aller oindre le corps. Et de grand matin, le premier jour de la semaine, elles vont à la tombe, le soleil s'étant levé. Elles se disent entre elles : « Qui nous roulera la pierre hors de la porte du tombeau ? » Et ayant levé les yeux, elles virent que la pierre avait été roulée de côté : or elle était fort grande. Étant entrées dans le tombeau, elles virent un homme assis à droite, vêtu d'une robe blanche, et elles furent saisies de stupeur. Mais il leur dit : « Ne vous effrayez pas. C'est Jésus le Nazarénien que vous cherchez, le Crucifié : il est ressuscité, il n'est pas ici. Voici le lieu où on l'avait mis. Mais allez dire à ces disciples et à Pierre, qu'il vous précède en Galilée : c'est là que vous le verrez, comme il vous l'a dit. » Elles sortirent et s'enfuirent du tombeau, parce qu'elles étaient toutes tremblantes et hors d'elles-mêmes. Et elles ne dirent rien à personne, car elles avaient peur... (XVI, 1)

Est-ce que vous avez éprouvé de la stupeur devant le surgissement du pardon ?

Oui, à l'instant où j'ai eu la confirmation que

j'avais pardonné à cet homme qui est venu me voir quarante ans après. Oui, j'ai eu une sorte de stupeur d'en avoir la confirmation parce que je désirais ce pardon de façon intense.

Dès le début, je voulais lui pardonner ; je priais pour lui ; je le portais en moi. Mais peut-on jamais savoir si l'on a pardonné à quelqu'un ?

On ne sait jamais. Combien de fois me suis-je dit : « Mais est-ce que j'ai vraiment pardonné à cet homme ? Je crois que j'ai pardonné, mais est-ce que j'en suis vraiment sûre ? »

Un point d'interrogation demeurait en moi : je faisais confiance au Seigneur, mais je n'en avais pas la certitude.

Or, contre toute attente, quarante après, je revois cet homme. Et pourquoi vient-il ? Parce qu'il est mourant. Inconsciemment, il vient chercher le pardon. Et lorsque nous nous sommes quittés, au lieu de nous dire au revoir en nous serrant la main, je lui tends les bras et je l'embrasse. À cet instant, il me dit pardon. Dès ce moment-là j'étais sûre et certaine que j'avais pardonné.

Pendant plusieurs jours, j'étais « sciée » d'avoir reçu cette grâce, cette preuve que j'avais pardonné. Chose qui n'aurait jamais dû arriver, et qui m'a beaucoup étonnée.

Aujourd'hui, lorsque j'analyse les différentes facettes du pardon, je me rends compte que le véritable pardon ce n'est pas l'oubli mais c'est l'absence de ressentiment.

(En désignant le Nouveau Testament). Au fond, n'est-ce pas ce que veut dire ce récit ?

Fondamentalement, ces femmes sont effrayées parce que cet épisode dépasse l'entendement. Tout ce qui est de l'ordre du divin dépasse le pauvre petit entendement humain de tous nos schémas. C'est pourquoi on y perçoit, à la fois, crainte, révérence et, disons-le, peur. Les mots peur et stupeur sont cités : on est presque statufié.

Vous dites : « J'ai été sciée » ; c'est un peu comme : la pierre du tombeau dans lequel était cet homme était fort grande, et qui peut la rouler ?

J'en ai le souffle coupé. Et spirituellement parlant, à l'intérieur de soi-même, on n'est plus la même après qu'avant. Il y a quelque chose qui se passe, ou qui s'est passé. Alors que j'aurais pu rester jusqu'à la fin de mes jours, en me disant : « Mon Dieu, ce pardon que je veux tant donner à Léo, l'ai-je donné au fond de moi-même ? », c'est lui qui vient le chercher. S'il vient le chercher, c'est qu'il a été poussé par Quelqu'un. Dieu va chercher les plus grands criminels. Et ce geste irrépressible de lui tendre les bras – je ne l'avais pas prévu, ce n'était pas de la mise en scène –, eh bien, ce geste a surgi du fond de moi-même. Il m'était impossible de faire autrement. À y réfléchir après, ce geste aurait pu paraître impulsif. Mais il est né en moi quand cet homme me dit les derniers mots avant de partir. C'était un geste qui ne pouvait pas ne pas être.

Tables des matières

Cet ouvrage a été imprimé en France par

CPI
Bussière

à Saint-Amand-Montrond (Cher)
en novembre 2009

31, rue Mirabeau – 37000 Tours
Dépôt légal 2e semestre 2006.
N° d'édition : 644. – N° : d'impression 03360/1.
ISBN : 978-2-85443-498-9